丰田&软银
从0到1的
思考法

〔日〕林要(Hayashi Kaname) —— 著
胡静 —— 译

ゼロイチ—トヨタとソフトバンクで鍛えた
「０」から「１」を生み出す思考法

SPM 南方出版传媒 广东人民出版社
· 广州 ·

图书在版编目（CIP）数据

丰田 & 软银从 0 到 1 的思考法 ／（日）林要著；胡静译．— 广州：广东人民出版社，2019.5

ISBN 978-7-218-13435-2

Ⅰ．①丰… Ⅱ．①林… ②胡… Ⅲ．①企业管理－研究 Ⅳ．① F272

中国版本图书馆 CIP 数据核字（2019）第 056165 号

广东省版权著作权合同登记号：图字：19-2017-229
TOYOTA TO SOFTBANK DE KITAETA 0 KARA 1 WO UMIDASU SHIKOHO ZEROICHI
by KANAME HAYASHI
Copyright © 2016 KANAME HAYASHI
Simplified Chinese translation copyright © 2019 by Beijing Shi Zu Niao
Culture Communication Co.,Ltd.
All rights reserved.
Original Japanese language edition published by Diamond, Inc.
Simplified Chinese translation rights arranged with Diamond, Inc.
through BARDON - CHINESE MEDIA AGENCY.

FENGTIAN & RUANYIN CONG 0 DAO 1 DE SIKAOFA

丰田 & 软银从 0 到 1 的思考法

〔日〕林要（Hayashi Kaname）著　胡静 译　　版权所有　翻印必究

出 版 人：肖风华

项目策划：詹继梅
责任编辑：刘　宇　马妮璐
责任技编：周　杰　易志华
装帧设计：刘红刚

出版发行：广东人民出版社
地　　址：广州市大沙头四马路 10 号（邮政编码：510102）
电　　话：（020）85716809（总编室）
传　　真：（020）83780199
网　　址：http://www.gdpph.com
印　　刷：三河市荣展印务有限公司
开　　本：880mm×1230mm　1/32
印　　张：5.5　**字　数**：150 千
版　　次：2019 年 5 月第 1 版　2019 年 5 月第 1 次印刷
定　　价：42.00 元

如发现印装质量问题，影响阅读，请与出版社（020 – 85716849）联系调换。
售书热线：（020）83795240

前　言

我想创造出"前所未有的东西"

我希望从事从 0 到 1 的工作。在走入社会以前，我一直都这么想。

我并不想做被人决定好的一成不变的工作，也不想做将别人做出的"1"变成"10"的工作，我想做从"0"创造出"1"的工作。我希望创造出"前所未有的东西"，让所有人出乎意料地惊讶高呼。这曾是我的梦想。

当然，这只是单纯的毛头小子的妄想。因为我并没有什么实实在在的业绩，也没有什么自信。更何况，在那曾经妄想的背后，潜藏的是我能否有益于社会的强烈不安。那时候，我记忆中的事情全都糟糕透顶，我的学习成绩丝毫没有傲人之处。虽然我很热衷于自己的兴趣，但也没有取得过成功，而且我还极度怕生，因此在公司里，我担心自己是否能够一切顺利。

自那之后已经过去 17 年了。在此期间，我已经完成了多个从 0 到 1 的项目。最初给我这个机会的就是丰田和软银。大学刚毕业时，我进入丰田上班，之后的第三年，我报名参加了公司新设立的超级汽车"雷克萨斯 LFA"项目组，也正是这次机会，颠覆了我此前惧怕挑战的心理，并获得了成功。之后，我作为丰田 F1 的工程师，前赴欧洲工作。在制造高性能的赛车时，我积累了很多经验，这些经验让我有了从 0 到 1 的想法。

回国后，我被调到了"捆绑式"销售汽车产品企划部，并在总工程师的带领下担任开发经理一职。开始时，我并不熟悉经理的工作，因此非常痛苦。但是我也体验到了与很多相关人员齐心协力推进项目的乐趣。我与孙正义社长的相遇也正好在那个时候。作为外部学员，我参加了孙社长的接班人培养机构——软银学院的培训。我的目的是要学习孙社长的领导力，并将其用于经理工作中。

然而，这却成了一个转机。

孙社长对我说："来我的公司吧。"

我问他："去做什么？"

他说："机器人。普及与人心灵相通的人形机器人。"

这是前所未有的从 0 到 1 的探索。有了这种想法的我跳槽到了软银。孙社长给了我这个机会——成为世界首个具有感情认识的人形机器人 Pepper 的首席开发者。2015 年 9 月，在 Pepper 逐渐被世人接受后，我退出了软银。我要向新的从 0 到 1 发起挑战——创造出世界上绝无仅有的、能够满足人的心灵的机器人。于是我创建了"GROOVE X"这一机器人风投公司。四十多岁的我在思考剩余人生的活法时，并没有因为迈出这一步而犹豫不决，当然，我也有些不安。但我依然会与志同道合的伙伴们一起，度过充实的每一天。

作为组织人，如何面对从 0 到 1？

我之所以想写这本书，是因为在我退出软银并和很多商务人士商谈在公司工作中遇到的大多数问题时，他们提到的都是组织人要如何面对从 0 到 1 的问题。

"在公司，怎样才能实现从 0 到 1 呢？"

"公司任命我进行新业务，我却感到不顺利。"

"公司让我进行革新，我该怎么办啊？"

我进行过以上这种出于"个人视点"的商谈。

"怎样才能培养出从 0 到 1 的人才呢？"我也有过这种出于管理者视点的商谈。

现实中的这些问题，也曾让身为上班族的我感到很烦恼。《革新的困境》（克雷顿·克里斯丁森著，翔泳社）中明确提出，在一个成熟的公司里，实现从 0 到 1 绝非易事。更何况，我做到的只是一些小事情，它并没有像 iPhone 那样收获巨大的成功。对烦恼于从 0 到 1 的人来说，我认为自己并不适合做他们的商谈对象。但是，在与大家讨论的时候，我能从中获得启示，并对"组织人实现从 0 到 1 的要点"进行更加深刻的思考。

在这个过程中，我也看了很多参考书。

很多革新的书都是由企业家、自由撰稿人或者研究者所写，虽然这些书都很有参考价值，但是大多数读者都是公司里的组织人，由于这些书籍不一定是以组织人的视点去写的，所以这些读者也不一定能找到自己真正想要了解的内容。我想，将我在丰田和软银这样的大企业里所获得的从 0 到 1 的机会和经验以及其中的教训编撰成书，是件很有意义的事。

况且，在我刚刚离开大企业的时候，如果不写书，我怎么能了解该如何应对商务人士的现实烦恼呢。出于这些考虑，虽然有些僭越，但我还是编写了此书。

需要的不是"才能"，而是"练习"

我认为，谁都能做到从 0 到 1。

无论如何，在某种程度上我已经做到了。我本身并没有什么特殊的才能，过去也只是一个普通的孩子。上小学时，我记不住乘法口诀，并且在班级里排名倒数第二；在初中，我积极参加学校的社团活动，但并不显眼；高中时代，我更是悲惨，在班级里，我的成绩常年是倒数第二；大学里，在学习空气力学时，我却对滑翔机着了迷，过着十分充实而又丰富的校园生活。然而，找工作时，我却遭遇到了失败，没拿到自己想去公司的内定名额，心灰意冷之时又走进大学院读书。大学院毕业时，我总算被名气还没有现在这么响亮的丰田汽车招收了。简单地说，以前的我就是很平庸。

我一直不太会处理人际关系。不论是在丰田还是在软银的组织关系的夹缝中，我都感觉彷徨无奈，甚至几度惨叫出声，当然也经历过数不清的失败。尽管如此，有一件事还是值得我骄傲地说出来的，那就是我一直尝试着做的从 0 到 1。因为我知道，这是实现从 0 到 1 的唯一方法。

我绝不是想要说什么"性格论"。人类的脑回路会因获取的新信息而出现变化，而且这种改变无论到了多大年纪都会出现。但是，单纯靠"知识"改变脑回路效果甚微，只有在实际"经历"后，脑回路才会发生质变。这就像即使在书上看过自行车的骑法也不会骑自行车一样，只有经过多次练习与摔倒后，才会学到骑自行车的诀窍。同样的道理，脑回路也只有这样才会改变。因此，在从 0 到 1 开始之前，需要先打造适合它的脑回路。

当然，若想踏出这一步，的确会让人胆怯。因为这是要你跳出组织常有的通识思维，这个过程一定会产生批判与阻力，你要有心理准备。从 0 到 1 一定会成为公司内的"非主流"，你要强迫自己挑战孤独与不安。如果你因恐惧而没做好心理准备，只是停步在通识的框架内，你就会每天强化自己的脑回路，强迫自己生活在安全框架内。这样一来，不论你是多么聪明的人，都绝不可能做到从 0 到 1。

　　我曾经和实现了从 0 到 1 的"牛人"接触过，感觉他们并非是 IQ 高的人。只不过，这类"牛人"毫无例外地都是不畏风险、不断向从 0 到 1 发起挑战的人。也就是说，判断一个人是否能够做到从 0 到 1，主要看他是否在不断地练习慢慢脱离框架的本能。

　　从 0 到 1 需要的不是"才能"，而是"练习"。做或不做才是关键。

从 0 到 1 正是实现人类本能的工作

　　如果只是徒劳地进行挑战，那等于是在绕弯路，是一种浪费。因此，在公司内实现了从 0 到 1 后，我以自己经历的事情为基础，有意识地归纳、总结经验和教训，最终形成了这本书。

　　"潜意识是从 0 到 1 的关键。"

　　"专业的'外行人'最强。"

　　"浅薄是美德。"

　　"只有灵感不能从 0 到 1。"

"在'有计划'与'无计划'间前进。"

"不会失败是危险的征兆。"

"效率化扼杀从 0 到 1。"

在反复尝试、错误不断的实践中，我总结出这些笨拙的经验。我相信这些东西能为消除行业第一线商业人士们的烦恼提供参考。

从 0 到 1 的魅力何在？

从 0 到 1 的魅力，我认为在于乐趣。

当你产生灵感的那一刻，相信你的心情肯定舒畅无比。而且，你还会产生想要将这一灵感变成现实的热情。接到从 0 到 1 的任务后，你就会时常陷入连续不断的痛苦之中，因为没有前例可循，无论你如何探索都没有"正确的答案"。此时，你一边要承受着看不见前路的不安，一边还要不时地接受来自周围的排斥。尽管如此，你仍要继续前进，但是，只要你对从 0 到 1 保持热情，那种"分娩的痛苦"也会变成喜悦，并且在经过一番艰苦奋斗、成功实现了从 0 到 1 时感受到无比的喜悦。此前的一切辛劳瞬间变成"美好的回忆",同时还会涌现出对于下一次从 0 到 1 的热情,这就是作为商务人士的最大幸福。

实现从 0 到 1 的原动力,就是好奇心。

对"前所未见的事物""前所未见的世界"感兴趣,是人类的原始本能之一,是每个人都想拥有的欲求。为了满足自己本能的好奇心,人在工作时会自然而然地产生工作动机。但如果只是因为"义务"而产生工作动机,这种动机就会日渐耗尽。所以,我坚信从 0 到 1 正是实现人类本能的工作。

我希望有更多的商务人士能体会到实现从 0 到 1 的喜悦。实现从 0 到 1 还与拉动日本经济息息相关,如果本书能为此尽一份绵力,我将不胜欣喜。

林要(Hayashi Kaname)

2016 年 5 月

目录

●○○○○

第 1 章

"失败"的对面就是从 0 到 1

01

因为不是“精英”所以才有机会
——从 0 到 1 是商务人士的“蓝色海洋战略”

“优秀的人才能做到从 0 到 1”是谎言

与生意人聊天时，我不时会听到这样的话：你是个优秀的人，所以才能做到从 0 到 1。在大多数情况下，他们的下一句话就是“所以我做不到”。我认为这是一种错误的思考方式，其实，更有机会进行从 0 到 1 这一工作的，不是公司里备受瞩目的“第一组”精英，而是“第二组”“第三组”成员，甚至是更靠后的小组成员。

我就是这样。我第一次进行从 0 到 1 这个工作，是在进入丰田后的第三年，当时我被分配到实验部。那时我负责电脑解析，我的工作就是按照委托进行解析，这个工作和开发任何车型都没有关系。这对于想要"造物"的我来说，实在是违背初心的分配。然而有一天，我的上司却试探地对我说："希望你能在做现有工作的同时，兼任 LFA 的工作。"LFA是指丰田公司第一款超级汽车"雷克萨斯 LFA"，是那时正在开发的高端汽车，每台售价 3750 万日元，同时也是丰田接手的前所未有的"刺激项目"。这是我求之不得的机会，于是我开始废寝忘食地进行 LFA 的工作，它成为改变我职业经历的起点。

那么，我的上司为什么会对没有实际业绩的我抛出橄榄枝呢？

首先因为我当时很年轻，并且还因为我不仅不属于"第二组、第三组"成员，就连在实验部也是可有可无的存在。当时，LAF 尚处于未正式确定量产的前期研讨阶段。也就是说，这是一个不知能否做出成品的项目。另一方面，公司还有很多优先考虑的量产项目，实验部的中坚力量、核心成员都要为那些项目服务。因此，LFA 的工作就落到了可有可无的我的身上。

这并不稀奇，由于公司结构的原因，从 0 到 1 的机会往往都会以这种形式出现。

例如，公司已经决定发展新事业，但很少有公司会将人员完全投入到新事业中，通常的做法是让员工按部就班地完成现有工作，然后再根据情况分配新工作。当然，经营者只是告知各业务部门派出工作人员，而各业务部部长并没有理由派出自己精英级的员工。因为每个业务部门都有各自的业务目标，完成这些目标都需要用到精英级员工。当然，每个部门所接受的业务目标往往都是接近其极限的目标，自然需要精英来完成。况且，即便新业务获得了成功，受到好评的也是负责新业务的责任人，派出精英员工的部长们并不会获得好评。因此，不派出精英员工才是最为合理的决策。

正因为如此，这才造就了"第二组、第三组"成员获得从 0 到 1 的机会。如果你理解了组织机制，你就会发现那种认为"因为我不优秀，所以没机会实施从 0 到 1"的想法是错误的。

从 0 到 1 "竞争对手"少，这样才有机会制胜

这话不如反过来说。越是清楚自己不是精英的人，越应该向从 0 到 1 发起挑战。

实际上，我立志做从 0 到 1 的理由有两个：

第一，我希望能够创造出前所未有的事物，让别人感到欢喜雀跃。从孩提时起，每当我接触到首创产品后，我就会有"这太棒了！"的激动想法。然后，我希望能够对这种感动加以回报，这是一个积极的理由。

第二，在保守的主流领域里，我认为无法做出能够战胜对手的成果。这是一个消极的理由。

从幼年时，我就清楚自己并不优秀。在进入丰田之后，我更是深切地体会到了这一点。环顾四周，我发现周围都是头脑清晰、处理人际关系得心应手的优秀的人。我不得不承认，如果我做忠实守护丰田流派式样的保守主流工作，根本就不可能战胜他们。另一方面，从 0 到 1 这一领域，可以说是没有竞争对手的"蓝色海洋"。丰田的保守主流事业是想获得成果的人向往的"红海"。而在竞争对手少的从 0 到 1 的领域，我则有可能获胜。

当然，这绝对不是轻松的选择。

与一心一意守护丰田式样、获得切实成果的已有业务相比，无论你在从 0 到 1 的领域多么努力，都不确定是否能最终取得成果。于是，在红海无法取得胜利的我，只好在蓝海下赌注。我认为，那里一定会有我的一席之地。就在我有这样的想法时，LFA 的工作也碰巧来到我面前。这是我求之不得的机会，为此我毫不犹豫地埋头在工作中，抓住了开拓从 0 到 1 的机会。所以我认为，只有"不优秀""不是第一"的人，才应该寻求从 0 到 1 的机会。

"精英"容易掉入的陷阱

在开拓从 0 到 1 的职业经历中，"第一组"精英和在工作中努力不懈的人更容易认识到风险。

支撑企业收益的核心业务不允许失败，所以，不能让有组织性的"第一组"精英脱离保守的主流业务，这是组织力学决定的。其结果就是他们没能获得向从 0 到 1 发起挑战的机会，他们不得不重复自己的职业经历，这样的案例非常多。

当然，如果精英们在挑战中没有巨大的失败，他们只需勤恳地积累成果，就能开拓出人头地的道路。但是，这其中隐藏着失败的巨大风险。**正因为精英们背负着必须被保护的辉煌履历，在向失败风险高的"新事物"挑战时，他们会面对心理上的强大压力**。但是，无论过去多么成功的事物，总有一天会被"新事物"所代替，那时悲剧就会来临。

想要产生"新事物"，就不能避免失败的风险。更确切地说，"新事物"的产生就是一边经历着失败，一边找"答案"的过程。然而，获得了辉煌职业经历的"精英组"成员们却不能失败。**因此，他们不会向"新事物"发起挑战，而更偏向于延续"旧事物"**。其中虽然还有不少人打算向"新事物"发起挑战，却全然不知自己是在为大局上的"旧事物"添砖加瓦。

再者，"精英组"的成员们能够获得很多出人头地的机会，他们对组织的决定会产生重大的影响，一旦他们倾向于延续"旧事物"，整个组织就可能处于停滞不前的状态，也可能在不知不觉中产生"责任不明的失败"。甚至当"新事物"抬头时，会招致整个组织的失败。

这难道不可怕吗？

02

"浅薄"是美德
——与其烦恼，不如"尝试去做"，这才是成功的秘诀

"谨慎派"与"浅薄派"

新社员大多分为两种类型：第一种是无论做任何事都非常慎重的类型；另一种则是想着"应该这样做"，但不会深思的类型。我就是后者，可以称之为浅薄。年轻人的浅薄会引发各种问题，也会给职场带来不止一次的麻烦。

多次惹恼上司的后果就是让自己变得消沉，至今我也不会忘记那次失败，那件事发生在我上班的第二年。当时，我在丰田的实验部里负责利用计算机进行解析的工作，当时

我所使用的是一台接近 1000 万日元、名为"UNIX 工作站"的特殊计算机。因为，我相信不久之后个人电脑时代一定会到来，所以我硬是坚持将"UNIX 工作站"换成了个人电脑。当然，这并非是单纯地变成"新事物"，由于"UNIX 工作站"价格昂贵、购入台数有限，解析次数也受到了限制。而如果购入价格便宜得多的个人电脑，就能增加购买台数。其结果就是当我购买了个人电脑后，我可以反复对自己感兴趣的内容进行解析，直到满意为止。

但是，职场中的人们对此并不怎么感兴趣。即便在当时的状态下，大家也都抱着得过且过的心态，按部就班地工作，虽然保守，但这却是常识性的决策。但我不能这样做，于是我果敢地说出了"请交给我来做"这句话。

然而，在完成了个人电脑的过渡后，我以为一切会顺利进行时，问题出现了：已经保存的数据全部消失了。其原因是我没有好好验证保存数据的 NAS 记忆体的稳定性。因为我制造了麻烦，所以我只能道歉。由于数据不能复原，我只得从残存的报告书中再次输入数据、计算、再现数据，那是非常辛苦的工作，但我只能这么去做。因为这个原因，我可能绕了弯路，但我总算完成了数据向计算机的转移，总算是做到了。

在"行动"中深度学习

我的这种经验多得像小山。

因为那次在职场中我犯了错误，所以当被上司责骂"考虑问题要更加慎重"时，我并没有辩解。实际上，小时候的我也经常被妈妈说"注意力涣散"，几乎都要被她训斥得耳朵长茧了，但即便如此，我还是认为浅薄也有不少积极的意义。正因为没有进行深入思考，所以我才会积累很多经验。尤为重要的就是那种失败的体验，虽然失败会让人感觉痛苦，但你也会牢牢记住在痛苦中学到的东西。

例如，数据消失这种"惨痛经验"会让我不再疏忽检验工作。根据这一经验，我在做其他工作时也会下意识地警告自己"这样下去很危险"。这是在课堂学习中很难学到的，但可以凭借"行动"来掌握它的内容。与其说在积累了这样的经验后向新事物挑战时才能领会到"要点"，倒不如说年轻时对待工作过于谨慎保守更应该引起我们的注意。如果你不能在自己所从事的领域里迈出第一步，就算能够降低失败的概率，但你在有限的人生中能够学到的东西却少之又少。

从短期来看，失败次数越少，你在公司内部获得的好评越多。但从长远来看，你只会成为按部就班完成公司工作的人。

"聪明，不会失败的人"与"有点儿笨，会失败的人"

在从 0 到 1 的过程中，浅薄也会发挥其威力，也就是没有"准备好的答案"。

例如，在 Pepper 的开发上，孙正义社长给我的命题只是"普及能够与人心灵相通的人形机器人"。我无论如何也找不到"怎么才能让人形机器人与人心灵相通？""要普及的人形机器人是什么样子？"等问题的答案。因为这是从来没有人成功过的事情，自然也就没人找得到答案。所以这才是从 0 到 1。

那么，怎样才能找出答案呢？只能反复进行试验。

例如，对于"普及的人形机器人是什么样子？"这一问题，如果你觉得它是"有用的机器人"，那么就要去实际尝试。如果它能够运送重物，也能够叫人起床，那还要去验证"这能够实现吗？""它真的会为人们带来喜悦吗？"如果有可能，就要进一步去琢磨。如果没有可能，就放弃。如此反复进行，才能一步步接近答案，而在其中发挥作用的就是浅薄。

在深入思考前要试探轻重。

不断去做你想到的事，从结果中获得反馈信息并将其运用于下一次的挑战中，如何让这一过程加速运转就是从 0 到 1 成败的关键。因为我的浅薄，所以我偶尔会一边想着"那样做会不会顺利进行"，一边像个傻瓜一样开始挑战。但我觉得这样很好，因为只有立即行动，快速弄清楚"这样行不行"，才能逐步建立起"评价观"，才能避免再次出现同样的失败。通过进行人人都认为"傻"的挑战，也许才能想出其他人想不到的主意。总之，不尝试就不知道结果，所以我认为在从 0 到 1 中，浅薄是美德。

浅薄是指即便有失败的风险，也要不遗余力地努力。浅薄可能有点儿"傻"，但能在尝试去做的无数次失败的过程中进行学习，并发现从 0 到 1 的答案。当然，浅薄并不"聪明"。聪明并不是让从 0 到 1 得以成功的本质。实际上，比起"聪明但不能失败的人"，还是"有些'傻'却可以失败的人"更容易获得成功。

面对失败时的态度才是最本质的要点。

03

"出头的椽子"会被提拔
——成为项目中"被提名的人才"的方法

"出头的椽子"才有机会

　　人们经常这样说，机会要自己争取。但对于上班族来说，这未必现实。握有人事权的是上层部门，因此，既然你归属于公司这一组织，就要等待上司给你机会。

　　那么，怎样才能获得机会呢？

　　这和"出人头地的方法"有些不同，在从 0 到 1 方面需要的是成为"出头的椽子"。"出头的椽子"虽然会被攻击，但这样才能让人意识到你有多么坚强。你不仅要有作为精英的认知，还要有作为"出头的橡子"的认知，只有这样才能在从 0 到 1 这种项目中发挥作用。你要想到在这种棘手的工作中，我要面对的也是一群棘手的人。也就是说，只有"以毒攻毒"，机会才会光临。

我在丰田汽车公司时有过那样深切的体会。进入丰田公司后，我一直希望能够加入丰田 F1 的开发团队，但是，F1 团队采用的是公司内部公开招聘制，必须要通过考核才能进入。遗憾的是，我的职业经历就连应聘标准都没有达到，阻碍我的就是英语。

F1 的开发大本营在德国，那里聚集的是来自世界各地的工程师，所以通用语言是英语，因此，应聘条件中要求 TOEIC 必须达到 800 分。然而我最苦恼的就是英语，当时满分是 990 分的考卷我只获得了 248 分。TOEIC 是四选一式考卷，即便我胡乱填写，理论上也能获得 248 分，所以可以说我的英语成绩近乎为零，那可真是绝望至极。

那么，这样的我是怎么拿到 F1 团队"入场券"的呢？机遇就在我参与 LAF 的工作时出现了。

专员愤怒地说："你在干什么！"

在 LAF 项目中，我曾经因为"空气力学"而拜托悬挂架设计师设计一个扭曲的悬挂架，这是一个前所未有的结构。虽然说服相关部门非常辛苦，但最终我还是获得了他们的支持，并且完成了设计图。我觉得"这下就完美了"，于是兴冲冲地向技术专员汇报，但是，还没等我做完说明，专员已经怒吼了起来。

"你在干什么！怎么能因为空气力学就扭曲悬挂架呢！"专员大怒。

这位专员来自悬挂架设计部门，而在当时的汽车开发中，空气力学只起辅助作用。与当时作为主业之一的悬挂架设计相比，空气力学是一个十分不起眼的领域。然而，进入公司副业部门没几年的毛头小子竟然扭曲了主业，扰乱了"圣域"，这自然令他怒不可遏。在这种情况下，一般人都会赶紧离开，但当时的我并不懂这些处世之道。于是我竟愚蠢地与他唱反调，仍然固执地说："对，就是要扭曲的才行。"当然这更是火上浇油，结果，这位技术专员不由分说地退回了我的设计图，他命令我改变结构后再次提交。

"我已经做得很好了啊",我的话一出口,不仅我的上司,其他部门的前辈们也都是目瞪口呆,就连应我的要求负责设计悬挂架的设计师都气馁地说:"虽然悬挂架的性能并没有问题,但既然领导那么说了……"于是,大家的辛苦就这样化为了泡影,我则因为"踩到了地雷"而消沉了一段时间。

但是,一年之后,就在我几乎都要忘了这件事的时候,它却为我带来了意想不到的机会。领导来问我是否愿意加入 F1 团队,这是我梦寐以求的机会,我自然满口答应。但是这太不可思议了,因为我的 TOEIC 分数仍然很低,我依然不满足加入 FI 团队的基本条件。

"印象深刻的工作者"和"其他人"

解开这个"谜团"是很久之后的事了。

F1 团队那时已经从日本派了一名专家到德国当地去做观察员,这位专家是一个很有男子气概、像日本武士一样的前辈,作为我的指导者,他给了我很多照顾。我从他那里知道了事情的始末:当时不出成绩的 F1 团队迫切需要利用空气

力学进行改善，而仅靠当地的工作人员是不行的，因此打算
从丰田总公司调派空气力学工程师。而那时推荐我的正是在
LFA 的设计中生气地对我喊"你在干什么"的那位专员。在
接到空气力学工程师调派要求后，那位专员曾经问过已经来
到德国的这位前辈："老学究一样的优秀工程师和英语一窍
不通但充满活力的家伙，哪一个更好？"

对此，前辈回答说："赛车的世界是残酷的，既然曾经有
过的量贩车经验都没用，那还是有活力的家伙更好。英语什
么的，来了之后总能学会的。"于是，我被派往了 F1 团队。

我对此非常吃惊，毕竟我的"血气方刚"曾经触碰到了
那位专员的"逆鳞"，我从没想过他会实现我的愿望。前辈
说，"他似乎是因为你的意气风发而对你印象深刻。"我对
那位专员和前辈都充满了感激之情，并且至今仍对他们满怀
谢意。此后，在我成为经营管理者后，我也逐渐对此有了认
识。在接手一项有些规模的研究项目时，你会拥有很多下属，
当然，你会公平地对待所有人，但你本身也并非完人。

你会把在你的记忆中留下深刻印象的一部分下属和其他
人区分开来。而当有机会来临时，你想到的是让你记住名字
的下属。

因努力工作而让人印象深刻

那么，什么样的人才能让人印象深刻？

我认为是一心一意扑在工作上的人。一心一意努力工作的人的确单纯，但这也意味着不成熟，因此才会不时地在公司里掀起风波。特别是从 0 到 1 这一研究课题，它是超越原有框架进行的挑战，因此必定会对其他部门的工作产生影响，其中必然会产生冲突，也就必然会出现"出头的椽子"。当然，像曾经的我一样直接和专员发生冲突并不正确，为了尽量回避冲突，学会圆滑处事很重要。

但是，工作上最为重要的始终是使项目获得成功，而不是回避冲突。虽然会被人取笑、会惹怒他人或者令人吃惊，但是为了实现自己不断思考得出的想法而努力的人，即便不能拿出令人满意的成果，他的领导也一定会记住他，并且总有一天会获得机会。所以，抓住机会的办法只有一个，那就是单纯地让眼下进行的项目取得成功，并且用自己的方式思考、决定该做什么。不要害怕成为"出头的椽子"，而是要尽全力去成为"出头的椽子"。

由此可见，"出头的椽子"并不只会受到攻击，也会得到重用。

04

不要逃进"谦虚"中
——只有"厚脸皮"才能获得从 0 到 1 的经历

不要想太多，首先要放手去做

谦虚是美德。如果不培养谦虚的心，就不能在组织中实现从 0 到 1。

公司中的所有工作都要团队合作。只有尊重对方的立场，真挚地听取对方的意见，才能获得他人的协助。但是，我们也需要注意一点，谦虚有时也会成为我们的"避难所"。所谓从 0 到 1，也就是"不切实际"的挑战，因此失败的风险极高。但是，如果一边用"必须谨慎、谦恭"为自己辩解，一边又选择进入"安全地带"，这其实是在逃离挑战。这是对谦虚的误用。

在职业经历上，我认为"厚脸皮"更好。现在回想起来，我就是个十分厚脸皮的人，只要我想做，就会什么都不想地放手去做。例如，加入 F1 团队，虽然我完全不会英语，并不满足应聘条件，但我还是自愿加入 F1 团队。努力之后说出自愿才是真正谦虚的姿态，为此，就算被人认为是"不知轻重""厚脸皮"也要向前迈进。

当时的我也知道自己自不量力，但我并不想放弃要加入 F1 团队的愿望。无论别人怎么想，那都是他们自己的想法。如果我不行，那就直接拒绝我好了，这样并不会给别人添麻烦。不敢尝试是因为害怕不被人接受，明知不行但还努力去做，之后如果依然没有找到希望，那才能表明你实现这一愿望的可能性近乎为零。因此，不放手一搏就是一种损失，正是因为我那时厚脸皮地放手去做了，才会被那位专员注意到，因而才幸运地获得了加入 F1 团队的"门票"。

只待在"安全地带"绝不会成长

想要进行"不切实际"的挑战，是非常辛苦的。

我在 F1 团队里也非常辛苦，因为团队中全都是来自世界各地、在 F1 方面有着丰富经验的优秀工程师，我必须找到令他们意想不到的从 0 到 1，并将其有形化。我感觉到了强烈的使命感。我最初遇到的障碍是英语，在我远赴欧洲前，我去了英语学校学习，并且 TOEIC 的考试分数也超过了 500 分。但是，我的英语还是不能让我在欧洲顺利工作。由于我连日常会话都做不到，因此根本不能参加本地开发组的讨论。更何况我们使用的文件也是用英文书写的，光是读懂它们就十分费力。所以对我来说，熟读庞大而复杂的英文赛车条例，而且必须牢记它们也是一大障碍。

我也有过因为感觉太丢脸而掉眼泪的时候。

有一次，我的意见和一位工程师的意见出现了分歧。不管怎么想都是他的主张有技术性错误，但我却无法用英语进行反驳。越是着急，我就越不能用英语流畅地表达。对方也清楚这一点，于是在我惊慌失措之时，他们单方面做出了决定。我难过又不甘心，不知不觉竟流下了眼泪，这连我自己都吃了一惊。但是，正因为有这么多的不甘心，我才最终克服了英语这一障碍。

"这样下去没办法在 F1 界生存。"

"你能忍受就这样被淘汰出局吗？"

紧迫感与抗争心成了我的原动力。就在我强迫自己拼命学习英语后，我逐渐能够与成员们进行对等的讨论了。而且，为了用技术弥补我在沟通能力上的不足，我更加认真地研究与人交流的方法，我感觉我的听觉变得要比普通人更加敏锐了。为了获得成果，我专注于工作，逐渐成为能够独当一面的工程师。

"想学会游泳，就要在水中练习。"**确如此话所言，只待在"安全地带"，人不会成长。**大胆进入"不切实际"的环境，虽然有时像是要溺亡，但在拼命挣扎的过程中，你就学会了游泳，这就是成长的法则。

在拼死挣扎中，"不切实际"就会变成"切合实际"

如果真的"溺水"了怎么办？

有人可能会有这样的担心，最近很流行的教育是"远离危险",其实我非常担心在这种教育方针下被教育出的一代。但是,人类做得很好的一件事就是:即便面临困难,只要能够保持身心健康,一切问题就能解决。更加具体地来说,只要能够恢复自己与生俱来的生命力,一切总会有办法。只要你敢于挑战、不墨守成规,你就会充满力量,在不知不觉中想到解决方法,或者在与某人商讨后获得帮助,找到各种各样的方法。只要你在公司里工作,只要你有生命力,你就不会"溺水"。

即便你因为马上就要"溺水"而不得不返回原点,你也不用辞职。只要你拼命努力过,你就会有下一次机会。所以,我们不需要谨慎,我们要敢于进行"不切实际"的挑战。在无数次几乎"溺水"又拼命挣扎的过程中,你会发现,曾经的"不切实际"已经变成了"切合实际"。反复积累这种经验,你将会有胆量进行更大的挑战。

值得庆幸的是,我在丰田公司获得了很多向"不切实际"进行挑战的机会,否则我不可能抓住指导开发 Pepper 的机会。当孙正义社长对我说"来我的公司吧!我希望你能制造机器人"时,我立即说"好"。这是一种出于动物本能的判断。

我不会欺骗别人说我从来没有感到不安，必竟可以让我
计算胜败的信息少之又少。"即便失败了也是绝无仅有的经
验，所以我要做。"我的理由仅此而已。也可以说，我只是
凭借好奇心和胆量就做了回复。而能够做出这样的判断，也
是因为我在丰田所进行的"不切实际"的挑战。

机会转瞬即逝

"我没做过机器人，请让我考虑一下再答复您……"

"你能详细地和我说一下你的商业模式吗……"

如果当时我对孙正义社长含糊其辞，他还会让我来做开
发者吗？这对于孙社长来说是千载难逢的项目，他不可能将
它交给没有自信的人。而且，这个世界上比我优秀的工程师
比比皆是。有名望也有财力的孙社长想要招揽多少优秀人才
都能如愿。而当别人带头开发出 Pepper 时，我一定会捶胸
顿足，后悔莫及。

机会总是稍纵即逝。

如果你不能迅速抓住机会，机会就会消失不见，并且错

过的机会不会出现第二次。所以，不要逃进"谦虚"中。无论感觉多么"不切实际"，只要它能充分调动你的好奇心，你就要斩钉截铁地说："我做！"

果敢最终会带来机遇，让你拥有创造从 0 到 1 的机会。

05

变成制造混乱的"鲶鱼"
——毫无"矛盾"的地方不会出现从 0 到 1

为什么凡尔赛宫的鲤鱼胖乎乎的？

在我赴德国加入 F1 团队时，我曾经听过这样一个有趣的故事。

那是关于凡尔赛宫里的鲤鱼的故事。很久以前，在凡尔赛宫庭院的池塘里有很多漂亮的鲤鱼游来游去，贵族们十分喜欢看鲤鱼优雅游动的姿态。但是有一次，有人看到小鸟吃掉了鲤鱼，为了保护鲤鱼，人们在池塘上安装了防护网。除此之外，为了能够创造使鲤鱼放心游动的环境，人们还对池塘做了装饰，然而，鲤鱼却不知为何越来越不爱游动了。它们总是待在岩石的阴影中，一动不动地等待着投入饵料，很快这些鲤鱼就因为运动不足而长胖、变丑。想起它们过去那优雅游动的姿态，人们不禁低喃："最近的鲤鱼……"

怎样才能让鲤鱼重现以往的美丽身姿呢？

人们开始了各种各样的尝试，但都没有收到任何效果。有一次，人们用了一种方法，却获得了戏剧性的效果。人们在池塘里投放了一条鲤鱼的天敌——鲶鱼，从那一刻起，鲤鱼对鲶鱼产生了戒备，然后开始拼命游动。不久之后，鲤鱼们又重获美丽身姿，人们因为重视鲤鱼而为它们准备了没有天敌的环境，结果却使鲤鱼的身姿变丑了。可以说，为了让鲤鱼拥有健美的身姿，天敌是不可或缺的。

在组织里也同样如此。

例如，假设某个风投企业制作了人气商品，并且已经取得了一定的成功。为了继续提高这一商品的品质，企业计划扩充设备、进行流水线生产。由于雇佣很多员工，所以人事制度、福利保障等也需要进行扩充，在这种条件齐备的环境下，事业也会稳定发展。但是从另一方面来说，这样也会出现反作用，会出现与"凡尔赛官的池塘"类似的情况。

　　过去，创业者们会为了开发出人气商品而展开激烈的讨论，并由此产生出不分昼夜拼命工作的企业文化。而现今，有效、稳定地推进事业成了第一要务，很多人开始认为遵守已有的秩序最重要。而且，在稳定事业的过程中，人们着力打造的是毫无错误的组织结构，因此不知不觉间，人们把不会失败当成了优秀的证明。

　　这样一来，人们自然就失去了向失败风险率很高的从 0 到 1 发起挑战的动机。

主张你认为"正确"的事，你的同伴就会出现

　　我觉得 F1 团队就像是"凡尔赛宫的池塘"。

　　那是由全世界聚集而来的精英组成的团队，我原本想象着那里一定充斥着战争，以及一触即发般的紧张感。然而，能够发展到高潮的讨论其实很少，大家只是一味地努力去延续现有模式。这里聚集的本该是张扬不羁的人，但实际上他们却老成持重、学识渊博，我没感觉到有紧张的冲突，而他们表现出的和睦也像是提前安排好的。

"不论自己做什么都不会发生改变。"在那里，我感受到了排名居中的团队所产生的闭塞感，他们就像是凡尔赛宫池塘里的鲤鱼，我决定要成为搅乱他们的"鲶鱼"。当然，这并不是说要在讨论上大吹大擂。

我要做的是，凡是我认为正确的想法，不论有多少不同意见，我都要坚持自己的主张。我曾经是 F1 的门外汉，但在经过思考后，我也能想到可行的办法，并且会毫不胆怯地说出我的想法。当我认为团队出现错误判断时，我会直截了当地说出来。

这样的机会很快就出现了。我提出的前翼设计遭到了行家们的强烈反对，其理由是它的形状"不美"，他们说自然界中能够飞翔的生物都有美丽的外形。而外形不美意味着发挥不出空气力学方面的性能，因此提案不可取。或许这就是真理，必竟我所提出的前翼设计的确不好看。

不过，我那样做的理由也很充分。

由于 F1 团队必须遵守赛车管理条例进行开发，因此为了实现我的构想，我不得不将前翼变成这种不美观的形状，所以，我进行了针锋相对的反驳。我反驳说："在我看来，不自然的其实是人类制订的赛车管理条例。就是为了迎合这一条例，我才会做出这种不自然的设计。"当然，外形不好的前翼是否能够产生好的效果，需要计算机的模拟解析来确定，这让我更加确信，出于赛车管理条例限制，其他团队绝对不会产生像我这样的构想。

行家们基本上已否定了缺少 F1 经验的我所提出的主张，但我并没有因为异想天开而被孤立。团队成员里有人与我产生了共鸣，并且开始帮助我实现我的构思，这真是令我感到高兴。而且，团队决定将我设计的前翼安装在赛车上进行试验，没想到安装了设计难看的前翼的赛车竟然为团队带来了第一次殊荣。

这似乎给与我一起共事的同伴们带来了巨大的震撼。像我这样的新进人员，甚至是曾经连英语也说不好的人，不仅顶住了行家们的反对，而且还取得了成果。看到这一切，自然有人觉得"我也做得到"，甚至还有人有意将我设计出的不美观的前翼变得更加漂亮，并且在团队内部对我设计出的前翼进行了多次的讨论。虽然只是一点点变化，但团队的确出现了和谐的氛围。

灵感是在"批评"中形成的

当然，鲶鱼也不能逃避批评。

我自然想摆脱团队中事先安排好的和睦，而且我更加在意创造出从 0 到 1 的构思。由于多数从 0 到 1 的想法都会脱离上司、同事的常识乃至行业常识，因此可以说，得不到批评就不是从 0 到 1。当然，接受批评是痛苦的，但是，对于从 0 到 1 来说，接受批评这一过程必不可少，因为所有孕育出从 0 到 1 的构思都不过是"假说"。以受到批评、坦率讨论的形式验证"假说"，提高"假说"精确度的过程是非常必要的。为此，不要在意周围人的想法，要堂堂正正地提出自己认为正确的想法。因为害怕受到批评就把"突出的想法"磨平，这样就没办法体验正确的验证过程了。

另外，无论受到多么严厉的批评，你都要冷静地认识到这并不是"人格攻击"。如果不习惯接受批评，你就会出现反感情绪，甚至冲动行事，而这样做所获得的最终结果只能是互相伤害。

与此同时，要客观地接受感情用事的对方与消沉的自己，冷静地分析状况，利用"元认知"这一手段客观地审视自己。

而且要注意验证"是否应该为达成目的而接受批评"。批评本身未必全都正确，但很多批评中却隐藏着提示，它会指出你遗漏的观点。这时，我们既要感谢对方，又要通过批评获得提示，并将其融入到对于初期构思的修正中，这样就会进一步精炼构思。

另一方面，经过沉着冷静地思考，如果你认为这种批评不恰当，不论批评者是自己的上司还是多数派，都不要屈服，要努力争取贯彻自己的主张。经过客观验证的构思一定会为你的主张增色。越是具有说服力就越能与批评抗衡，所以，如果你立志做到从 0 到 1，那么你就要有觉悟，要让自己率先成为"鲶鱼"。虽然这样做会产生冲突，但同时你也会获得打磨你构思的机会，甚至还能防止组织堕落成"凡尔赛宫的池塘"。

06

破除恐惧这一"障碍"的方法
——"恐惧心"会招来大风险

不要强硬打消"恐惧心"

从 0 到 1 的过程中往往伴随着恐惧。必竟向没人做过的事情发起挑战，失败率自然也会很高。

"会不会给公司带来损害？"

"对我的评价会不会下降？"

"会不会经历惨痛遭遇？"

带着这些不安迈出的第一步会令人感到恐惧，这种恐惧心正是从 0 到 1 中最大的障碍。现在回想起来，当我在挑战从 0 到 1 时，恐惧感无时无刻不在笼罩着我。在申请加入 LFA 到被分配到 F1 团队以及我辞掉丰田的工作跳槽到软银时，我都会感到恐惧。当然，现在也是如此，我是第一次自己创业，而它的风险大到此前的一切都无法与之相比，所以我自然也会被恐惧心所侵扰。

但是，我并不想一下子打消我的恐惧心，恐惧就是恐惧。有人经常说"我恐惧失败"，每个人都会恐惧失败，这是人的自然反应。即使鼓起劲儿勉强打消恐惧，那也不过是硬撑着把问题延后而已。

那么，究竟该怎么办呢？

我会客观地看待感到恐惧的自己，观察自己的感情与思想，以及在它们两者作用下产生的行为，就像是观察电影里的登场人物一样，这就是人们常说的"元认知"思考法。我会像看待别人那样去想"啊，现在的林要正在恐惧啊！""他为什么会恐惧呢？"……

这样能够让我变得冷静一些。一味地想着"恐惧""害怕"，你就会被恐惧所吞噬，无法采取行动。客观地看待感到恐惧的自己，你就能摆脱这种恐惧的感觉。

抛开"感情"，集中精力做该做的事

抛开感情，冷静地分析状况。

例如，在离开丰田时，我心中满是不安与恐惧。虽然孙社长邀请我时，我毫不迟疑地说了"好"，但在那之后，当我思考各种事情时，我开始感到恐惧。那时我在想："林要为什么会害怕？"我已经在丰田做出了一些成绩，也获得了相应的职位。我这是在对"放弃可预见的光明未来"和"投入到可预见的恶劣的新环境"感到害怕，更何况我还对机器人一窍不通，我身上确实没有一样能够证明"我可以"的证据。如果 Pepper 开发失败，我在软银将无立足之地，所以，我才会对脱离丰田这种超级安定企业的庇护而感到恐惧。

那么，如果我不换公司，风险又是什么呢？

首先就是事后后悔。如果放弃了令我内心兴奋不已的 Pepper，然后又由别人将它变为现实，我可能会为此后悔一生。一个人能够挑战从 0 到 1，并且遇到"普及与人心灵相通的机器人"的机会实在是寥寥无几，在这一过程中，我必定会收获到专属于我的"经验值"。如果一开始就放弃，那太可惜了。

投入到新环境中的确令人恐惧，我刚加入丰田时也同样会感到恐惧。在加入丰田时，我还不清楚自己会是什么样的人，但我还是取得了现在的一切。只要我在软银也做相同的事不就好了？虽然我在机器人方面是门外汉，但就"创造"这一点来说，创造汽车和创造机器人是相同的，我一定能够利用此前的知识与见解提供更多的视角。当然，我也可能会失败，虽然说当今时代的人们不会再为了工作而卖命，但我却觉得因为有了丰田以及 Pepper 的经验后，自身的潜力才得到提升的。即便离开软银，我也一定能够找到生存之地，不论发生什么，只要现今的生活水准不变，我一定能够养家糊口。

我就这样冷静地进行优劣分析。

我很清楚，离开丰田绝不是赌命的鲁莽行为，我的恐惧心虽然没有消失，但我已经有了赤手空拳进行挑战的觉悟。于是，我转变思维，思考"自己现今应该做什么"，最重要的就是倾尽全力集中精神在 Pepper 上。既然存在风险，就不能浪费一分一秒，因此，为了减少通勤消耗的时间，倾尽全力用于工作，我首先着手寻找能够徒步走到软银的公寓。我就是这样将精力集中在"现在能做的事"上。在付诸行动中，我也克服了恐惧心，而且我还得出，将深思熟虑也不会完全打消的恐惧心转移到一些小的事情上，那么自己就不再会恐惧了。

不能相信幻想出的"恐惧心"

不能太过相信"恐惧心"。

人类为什么会本能地对未知事物感到恐惧呢？我认为这是生物生存的必要机能。和其他动物一样，在类人猿时代，人类必须要对未来抱有强烈的恐惧感才能够生存下来。例如，原始森林中生活的类人猿如果不慎进入了视野开阔的平原，就会在瞬间成为猛兽们的食物。在充满危险的世界，需要凭借恐惧心这一传感器来限制自身行动，或者说只有拥有恐惧心的人才能生存下来。

然而，人类已经拥有了几千年的文明，人们已经获得了此前从未有过的安全环境，人们对于未知事物本能的恐惧与实际体验到的风险早就化为了一体。毕竟人类已经有了数百万年的历史，在这样长的时间里构筑起来的本能——恐惧心，是一种铭刻在 DNA 上的生存机能，即便过了数千年也很难改变，因此说我们所感受到的恐惧心有可能会过剩。也就是说，困扰人类的有可能是对恐惧心的过度幻想。

当然，恐惧本身就是重要信号。

在经历过不断尝试的失败后，即便是在新的挑战过程中，我们也会预感到"这样下去有危险""这样不会顺利"的结果。这种预感源自被经验证明的恐惧心，是依靠直觉避开危险的极为重要的信号。或者可以说，正因为有恐惧心，我们才能自信而认真地采取行动，才能提高成功的概率。

但要注意的是与经验无关的幻想出的恐惧心，如果连实际可容许的风险也不想承担，那么受限的行动反而会让风险提升。人类的认知是通过"经验"锻炼出来的，因为对恐惧心的畏惧而产生出对恐惧的幻想，进而不能获得应有的"经验"，无法锻炼与之相适应的认识观，进而也就削弱了实现从 0 到 1 的能力。在事情做成功或做失败之前，"不做"就是巨大的风险。

从 0 到 1 通常是指突破对未知事物的了解，对此我们感到恐惧也是正常的。但是，不要太过于担忧这种恐惧，我们可以通过"元认知"冷静地对实际风险进行考察，如果是在可容忍边缘的风险，就要放开胆量去挑战，刚开始最好用小风险的事情进行锻炼。无论成功与失败，你都能获得经验，积攒你的零碎"经验值"，而"经验值"的总量就是我们拥有的从 0 到 1 的能力。

◇●◇◇◇

第 2 章

"潜意识"是从 0 到 1 的关键

01

越是"不满"，就越能走向从 0 到 1
——"不满""不协调"中隐藏着令人吃惊的从 0 到 1

"不满"是重要信号

很多人的内心都充斥着不满，我们一般会给这样的人负面评价。

的确，我们讨厌无论做什么都抱怨、不满的人，工作上总是抱怨的人不会取得惊人的成果，经常抱怨就是在向自己持续灌输消极情绪。虽说如此，但我们不该否定我们感觉到的不满本身，世人常常说要"理性思考""理性不满"，但在精神层面上的这种"合理的不满"并不常见。更确切地说，越是能够感觉到这种不满的人，就越有可能实现从 0 到 1。

"感觉不满"是灵敏地感知人世间"不协调"零件的证据。这是一种灵敏的感受。我们感到"少了什么""多了什么"都是因为出现了不合理、不方便的与当下不符的情况，因此才会觉得不满或不协调。只要我们将那个少了或者多了的"东西"变成最适合的形式就好，况且当你能够消除不满或不协调时，就能做到从 0 到 1。

这么说来，不满或不协调是从 0 到 1 的重要信号。

为此，我很珍惜日常生活中感觉到的不满或不协调。例如，我非常讨厌不知为何变得厚实的钱包，如果是因为里面装了太多钱才变得厚实起来还好，可里面明明没有钱，只是因为银行卡或者其他东西让我的钱包厚实了起来罢了。变厚的钱包很重，放进裤袋中也不好看，尤其是带钥匙扣的钱包更是麻烦。最糟糕的就是钱包丢的时候，必须和四面八方取得联系，去办理各种麻烦的手续，还要去银行、信用卡公司……挂失原证件且重新办理各种新证件（包括驾驶证）等。所以，每当我手里拿着厚实的钱包时，心里总是感觉不安。

向下挖掘"不满"就会产生灵感

一天，我产生了这样一个疑问："我为什么非要带着钱包走路呢？"于是，我突然意识到，那是因为我不能证明"自己就是自己"。

这是怎么回事呢？

银行里存着我的钱，但是，我不能证明有银行账号的"林要"和现在正在饭店收银台付款的我是同一个人，所以，我只能带着现金到处走。为了证明我和在信用卡公司注册的"林要"是同一个人，我也要带着信用卡走路。带钥匙也是这样，就是为了证明房主"林要"和我自己是同一个人。

也就是说，如果不依靠"现金""信用卡""钥匙"等物品，我仍有办法证明自己，我就不需要带这些东西了，那样的话，只要用我自己的身体作证明就好了。如果能够想到比银行更加方便、安全的技术，我的不满就能得到完美的解决，我不知道全世界的人是否都有这种意识，但肯定会有与我想法相同的人。

这就是从 0 到 1 的开始。

认准这一点的我，开始验证已有的认证技术问题，并为解决此事而申请特许，我还为此制订了商务计划，准备在软银学院进行研讨。我不擅长站在人前讲话，也不擅长举办研讨会，但这次的研讨会是从我自己的切实情感出发的，我能带着自己的真实感受去讲述，而且孙正义校长也会莅临研讨会，还会选择其中的企划案做商业研讨。

这一商务计划初期需要巨额投资，因此我放弃了以公司为单位的实施计划，但是这一研讨却在软银学院获得了优秀奖。我真切地感受到了，因为我的不满或感觉到的不协调而完成的事业计划，与他人产生了共鸣。我也真切地感受到了，我的提案与以市场分析为基础的事业型提案之间的差异。

不要认为"就是这样，没办法"

平时工作中也一样。我很喜欢汽车，只要有机会，不论什么样的汽车我都会乘坐一下，这不仅会令我产生激动、快乐等积极情感，也会让我想办法去消除产生的不满、不协调等消极情感。当然，我还会在平日里思考"怎样才能消除不满"的方法，这为我在丰田的工作带来了很大的启示。

在 Pepper 时也是如此。成为开发主管的我，曾因亲自体验机器人而耗费了大量精力，在我这个外行看来，我的体验是"好可怕啊""虽然技术很厉害，但是我可不想用它们"。所以说，如果我不去体验，我就不会真实地感受到 Pepper 究竟是怎样的机器人，也就不知道它是否能够被市场所接受。

所以，不要否定不满。那种不重视自己感到的不满，而且还深信"就是这样，没办法"的想法是不正确的。当然，我们也不能因为感到不满而焦躁不安，那只不过是人生中的负面情绪而已，重要的是要以自己感觉到的不满或不协调为契机进行思考：为什么我会产生这种不满？怎样才能消除这种不协调感？

个人的"不满"与"不协调"最重要

我认为最有价值的就是个人感到的不满与不协调。我的"钱包"或许是个好例子。

"注意到这件事的只有我自己。"

"可能是在意过头了。"

"我可能是疯了。"

正是这些你所感到的不满、不协调背后，才隐藏着他人没有发现的启示。而这才是通向从 0 到 1 的最宽阔的"道路"。如果个人感到的不满或不协调都是内心深处的表现，那么其他人也会有类似的感受。如果能以自己感到的不满或不协调作为线索，察觉到大家感受到的不满或不协调，并找到消除它们的办法，那很多人都会因此感到高兴。

一旦有了这种意识，你的人生就会改变。我们每天都会在生活中感受到无数的不满与不协调，每一个不满都是"珍宝"，我们能从中拓展出很多想法。而令人吃惊的从 0 到 1 就隐藏在其中，光是想想就令人兴奋不已。

02

"限制条件"正是灵感之源
——"自由场所"没有从 0 到 1

有"制约",大脑才会工作

没有自由就不可能发挥创造性。

我经常会听到这样的说法,但我认为这是错误的。更确切地说,在进行创造时最重要的就是"制约条件"。明确这一点是发挥创造性的第一步,最初让我认识到这一点的是某位汽车设计师。那时我正在丰田担任雷克萨斯 LFA 的负责人,我希望他能做出前所未有的帅气设计,于是就告诉他"不要考虑技术条件,请你自由思考"。我希望他能摆脱制约条件,自由地发挥创造。我认为对于设计师来说，这样工作起来应该很容易，他一定会设计出前所未有的产品。然而，设计工作并不顺利，我等来等去都没等到设计图，就在我感到惊讶时，设计师一脸为难地找到了我，并且对我说："请多少给我一些技术上的制约条件吧。"

这让我很吃惊。

曾经是空气力学工程师的我，经常会与制约条件作斗争。正因为我体会过制约带来的束缚，所以我才想让设计师不受任何制约地进行思考，然而，设计师却希望要"制约条件"。这究竟是怎么回事呢？但当我重新审视自己的工作时，我终于明白了，我就是因为受到了制约，才最终想到了办法。

对于空气力学工程师来说，汽车就是制约条件。比如，汽车必须要有载人空间，当你从侧面去看乘用车时，它的中央部位一定是隆起的，以空气力学的观点来说，这是产生浮力的形状。然而，LFA 却要求我利用空气力学将车体压制在地面上，产生一定的下坠力，而中央隆起的形状正是这一要求最大的制约条件。

正因如此我才会动脑思考。

如果找不到解除这种制约的办法，我就寸步难行。换言之，就是要强迫自己以制约为起点进行思考。比如，让汽

车产生下坠力最简单的方法，就是加装尾翼。但是，想要将
LFA 变为超高级汽车的想法并没有得到首席工程师的同意，
于是，我建议加装活动尾翼。如果这样做的话，车辆后方产
生的下坠力会破坏车体平衡。为了让整辆车都产生下坠力，
只能利用车体与地面间的气流。

就这样，多个叠加的制约条件使我的"思考点"得以固
定下来。而我的大脑在承受各种压力的情况下持续运转，最
终想到了解决办法。也就是说，人的大脑没有适当的制约条
件，就不能确定"思考点"，也就不知该做什么。

由此，我深刻认识到：制约条件才是创意的源泉。虽然
我要承受制约之苦，但仔细想想，正是因为受到制约，我才
会用脑努力思考。

着手进行从 0 到 1 时，首先要明确"制约条件"

当我接到新的工作时，我一定会从明确的制约条件开始
着手。特别是在从 0 到 1 的创新中，必须要有制约条件。从
0 到 1 没有前例可循，看上去很自由，似乎存在一切的可能性，

但是，其结果则是：如果构思方向不定，项目就会偏离正轨。

在 Pepper 研发的最初期，我曾经陷入过这种状态中。孙正义社长赋予我的"普及与人心灵相通的人形机器人"的使命极具魅力，我在构思上付出了很大的热情，工作人员也在构思上付出了很多努力，即便如此，大家仍然感觉到，工作极为复杂。我们将关注点放在了"与人心灵相通"上，因此想出了"能与对方对话的机器人""带有感情的机器人"等主意。而有人将关注点放在"普及"上，于是就出现了"帮忙做家务的机器人""能够从冰箱里拿出啤酒的机器人""能够看家的机器人"。总之，我们想到的都是有利于销售的机器人。

这些想法都很有魅力，但要是将这些想法全都集中起来，就变成了"铁臂阿童木"。也就是说，这些都是不能实现的"梦想企划"。

"制约"不是脚镣，它是灵感的发射台

于是，我决定提出明确的制约条件。

"现在的人工智能和机器人技术的极限在哪里？"

"要被市场接受需要什么？"

"可能投入的成本与开发经费是多少？"

"在投放市场的时限到来前，我们能做什么？"

当制约条件被明确提出后，我们发现，现阶段"能做的事情"竟然那么少。

迄今为止，我们在日常生活中还没有出现过能自主工作（不用人在旁边操作或监视，自行进行工作）的大型机器人。要设计出与人大小相同，并且装载大型发动机又不会危害人类的机器人，这实在是困难。如果想要一下子就设计出能够做家务的"有用机器人"，那是很不现实的。最开始时，我们要以设计出安全并且能够自主工作的机器人为目标。

另外，现在的人工智能技术还不能让机器人拥有"意识"，要想让它们能够和人类交流也是很困难的，而且这里也存在着制约条件，但是，我们必须要在这些制约条件下创造出"能够与人心灵相通的机器人"。于是，我开始思考："什么是与人心灵相通？"世界上有"给汽车、自行车起名字的人""和玩具说话的人"。汽车、玩具并不理解人类的语言和想法，但还是有人像对待人类一样对待它们，因为这些人的觉得他们能够与汽车、玩具心灵相通。

那么，人类什么时候才会对物体产生那种感觉呢？

那是在人们"痴迷"的时候。我就是会对汽车、自行车而痴迷的人，所以我非常清楚那种感觉。在我真心喜欢上某辆汽车时，它在我内心中就不单单是零件构成的集合体，而是能够与我心灵相通的"朋友"。

既然是这样，那我就要让大家喜欢上 Pepper。

在人们觉得 Pepper 可爱、有趣时，人们就会爱上 Pepper。当这种经历反复累积后，人们就会感觉到与它心灵相通。要想展示出前所未有的高级控制功能，就要有能够承载这种技术的人形机器人，但目前还没有人关注过这一面。所以，我确信"这是没有先例的构思，一定会有机会"。于是，Pepper 的概念就这样一点点明确了起来，这一构思正是在现有的机器人技术以及人工智能等强烈的制约条件下产生的，所以，我认为制约才是创造的源泉。

高品质的创造只有通过明确的制约条件才会发挥出来。如果因为找不到构思的头绪而感到迷茫，就彻底调查制约条件吧，并且明确"能做的事"有哪些。那时我们才会在有限的条件中绞尽脑汁、开动脑筋，找到突破口。

制约条件不是"脚镣"，它是灵感的发射台。

03

专业的"外行人"最强
——半途而废的"专家"会毁掉从 0 到 1

半途而废的"专家"最麻烦

对从 0 到 1 来说，再没有比半途而废的专家更麻烦的了。

作为商务人士，应该具有各专业的知识与技术。但是，如果面对工作时采取半途而废的态度，那么他所掌握的专业知识反倒会成为其前进的阻碍。尤其是在从 0 到 1 的项目中，带来的危害更大。

从 0 到 1 就是"做与此前不同的事情"。

因为是"与此前不同的事情"，必然会有失败的风险。

专家总是能看到这样的风险，这是件好事，因为如果能够事
先感知到风险，就能制订出合适的对策。但是，半途而废的
专家会列出"做不到的理由"，正因为是专家，所以能够列
出很多理由，其结果是会使从0到1的项目变得扑朔迷离。
当然，在有些专家看来，没有实现可能的项目最好尽早放
弃。但是，从0到1原本就是可能成功也可能失败的一项极
限挑战，不存在没有风险、绝不失败的从0到1。因此想要
做到从0到1，首要的事情就是始终追求"能做到的可能性"，
而不是列举"不可能的理由"。

为什么会出现这样的情况呢？

其原因就在于面对工作的态度问题。所有的工作都是为
了产生价值，而为了产生价值，所有的努力都要有专业性。
半途而废的人会选择"让所有人都满意""不让自己的职业
经历受损""善后工作不要太麻烦"，他会在已有的行事框架
中，选择麻烦少的一项。比起产生"价值"，他们更加执着
于"进展顺利"，而且，这样的专家还会使用专业知识当借口。
麻烦的是，他们还坚信自己是为了项目，因此更加热衷于辩
解，要知道这是本末倒置。专业知识不过是一种为了产生价
值而使用的工具，如果弄错这一点，专业知识就会成为从0

到 1 的障碍。

专家会产生"思考死角"

专家很容易陷入"陷阱"中。

由于专家极为专业，所以他们的想法很可能会受到束缚。寿司中的"加州卷"就是一个很好的例子，这种从 0 到 1 的想法，并不是日本技艺精湛的寿司师傅想出来的，从某种意义上来说，他们觉得这是理所当然的，因为对于他们来说，加州卷不是寿司。对于寿司师傅来说，不是寿司的东西就是"邪门歪道"，他们在心理上就会产生抵触，所以他们自然会排除这一项。实际上，日本国内目前还没有将加州卷认定为"正统寿司"。

当然，我并不觉得这有什么不好，身为日本人的我并不希望"正统寿司"的世界观被动摇。但是，加州卷现在已经风靡全球，已经成为全世界人喜爱的常点寿司。可以说，就因为是专家所以才会产生"思考死角"，但大多时候，从 0 到 1 的构思刚好就沉眠在这些"思考死角"中。如果不能发现这一点，自身的专业性反倒会阻碍从 0 到 1 的产生。

那么，怎样才能创造出"加州卷"呢？

答案很简单，那就是用"外行的眼光"去思考事物。对于在寿司方面完全是外行的外国客人来说，卷着纯黑色紫菜的食物有点儿恶心。但在开发符合"外行"顾客要求的菜单时，即便当中可能伴随着无数次的失败，但最终还是会找到答案。

"专家 + 外行"的"双重人格"是专业的证据

在思考从 0 到 1 时，外行的眼光非常关键。

要突破因为专业而产生的"思考死角"这一困境，就只能依靠外行的眼光。从这种意义上说，我可能是受到了眷顾，从丰田公司任职开始，我负责的事业几乎就是三四年改变一次，而且每次都是负责不同领域的工作，所以，我没能成为专家，这不知是幸运还是不幸。如果说是幸运，那就是因为我总能以外行的眼光面对工作，所以才会取得成果。

在开发 Pepper 时也是如此。

　　如果我是一个机器人方面的专家，我很可能会制造出与现在完全不同的 Pepper，可能会投入最先进的 CPU 与高价传感器、发动机，用饱满的热情去设计以卖弄技术为目标的机器人。如果我以此为目标，我就可能会制造出高价但不能满足普通客户需求的机器人，也就不能达成孙正义社长赋予我的使命——"普及与人心灵相通的机器人"。所以，我并没有瞄准最前沿的机器人技术，而是结合现今技术，思考如何才能让机器人获得普通用户的喜爱，我进行了"创造者 × 工程师"的乘法运算，希望那些与 Pepper 接触的用户把自己对 Pepper 可爱、有趣等的体验感受表达出来，并且让工程师将这些体验都输入机器人程序中，在未来建立与培育不仅是专家而且是所有人都能够利用的人形机器人平台。

　　这对于专业的机器人专家来说，是非常不符合常识的想法。当我把这个想法提出后，一部分机器人专家果然对此展开了批判。但正因为我坚定了这种想法，才最终获得大多数普通用户的认可，打造出了梦想中的"第一个人形机器人"。

　　当然，Pepper 还处于从 0 到 1 的阶段。这个从 0 到 1 中的"1"并不是完成，它不过是一个"新生儿"，今后还会在它身上加入最先进的技术，可以说它有着更加无限的成长空间。但是，在毫无先例的现阶段，为了能造出被市场接受的机器人，我确信外行的眼光不可或缺。

我想大家也有所察觉。

外行的眼光等同于客户的眼光、用户的眼光，我们的最终目的是要获得用户的喜爱。用户的喜爱才是价值，所以，能够拥有专业知识，同时还拥有"专家＋外行"的眼光的"双重人格"，才是专业的证据。

所以，我认为具有专业知识的"外行"才是最强大的。

04

只有"快感"的前方才会出现从 0 到 1
——痛快追求"灵光一现的快感"

人类是灵感闪现的生物

人类是会产生灵感的生物。

"啊，对了！"的想法会在瞬间浮现出来，这样的想法
会在瞬间解开你一直思考的问题。当有人问我"为什么会浮
现出这样的想法"时，我回答不出来，但是灵感就是会突
然出现。我们会经常获得这种有些不可思议、略带惊奇的
体验。

例如，为了打破陷入僵局的会议气氛而去讲笑话，或者，

在烹调中尝试使用不常用的食材，却意外地发现了适合这道菜最佳的配料，这些都是灵感。但这些在大脑里出现的小小的灵感与牛顿发现万有引力的"超大号灵感"并没有不同。

在我们的大脑内部，有着数百亿个神经细胞构成的复杂神经细胞网，这一神经细胞网只需 0.5 秒就能活化起来，它可以在这一瞬间将过去积累在大脑内、至今为止还没有联系起来的记忆（情报）联系起来。这一新的联系对于大脑来说是一种新鲜的刺激，因而会释放出多巴胺这一神经传导物质，多巴胺属于有偿神经传导物质。当释放出这一物质时，大脑就会给人以"快感"作为奖励。所以，灵感会让人心情愉悦，这是由大脑作用完成的。

大家都有过这样的快感，当你拍着大腿说"啊！是这样啊""我明白了"这些话的时候，就是非常强烈而浓重的快感。

有了"快感"才能产生从 0 到 1

有了这种快感才能产生从 0 到 1。

在产生"前所未有的事物"的过程中，会产生无数个"从没有人遇到过的问题"，每当克服这些问题时，我就会产生"我做到了""我明白了""有灵感了"等快感，这些都可以说是小小的从 0 到 1。例如，爱迪生发明的电灯是"超级型从 0 到 1"，电灯出现的每一过程都是"新事物"，因它而起的问题也都是"新事物"。**从 0 到 1 的产物是每个小的从 0 到 1 的集合。**可以说，电灯就是从 0 到 1 积累而成的成果。

在解开"至今没人遇到过的问题"的过程中，尤为重要的就是灵感，在经过理论思考而得出的"解决方案"不实用时，把控从 0 到 1 成败的灵感瞬间就会到来。我们平时所积累的那些不会让自己感到吃惊的思想与事实，虽然也是集理论思考于一体，但遗憾的是，它们中出现的从 0 到 1 的成果极为稀少。如果能够轻易做到，孵化基地不就成了从 0 到 1 的宝库了。

令他人吃惊的创意背后，一定也有不少令自己吃惊的灵感。

"人的大脑经常会出现预想不到的事物。因此，灵感对于我们自己来说，也是预想不到的事物，它总是突然到访，带给我们惊奇。"这是脑科学家茂木健一郎的著作《灵感的大脑》中的一节，我也深表同感。在我们不能自主控制的潜意识领域，即便是自己的意识，也经常会发生令自己意料不到的事。这种"潜意识思考"产生的火花就是灵感，它会让我们吃惊。而出现灵感的瞬间，就产生了从 0 到 1 的种子，而我们完全没有必要去抓住这种超自然的特殊现象。

掌握"自我→意识"的思考过程（可化为语言的思考过程）不过是大脑活动的一部分，而我们还具有不能用语言表现的潜意识思考。潜意识领域里出现的灵感，对我们（意识）来说才是时常相伴的惊喜。

"有意识思考"与"潜意识思考"是从 0 到 1 的两方面

当然，灵感并不一定都能实现从 0 到 1。

大部分的灵感都是"垃圾"，事实上，有用的灵感少之又少。我有一段至今难忘的回忆，那时我还是孩子，当我拿着三根绳子玩时，我突然灵光一现想，"啊！这样做的话，三根绳子就能一直编下去。"我感觉这是一个了不起的发明，然后就兴奋地跑去做给母亲看。然而，母亲只是淡淡地说："啊，你会编三股绳了啊。"虽然她夸奖了我能够编三股绳，但是那并不是让我兴奋的关键。我发现那并不是"了不起的发明"后，失望地垂下了肩膀……这是一段并不愉快的回忆。

即便后来长大成人，我也一直觉得，灵感的到来如同一时兴起所摇的骰子一样，结果可能好，也可能坏。当你认为结果"很好"时，别人可能已经想到并实际尝试了这个构思，而且发现它并没有用。灵感就是这样极具不确定性。

所以，"有意识地思考"非常重要。

在着手进行从 0 到 1 的过程中，对于以往的事例研究自然必不可少。在开发 Pepper 时，我不仅对过去在市面上销售的机器人做了调查，还对迄今为止已开发的机器人做了最大限度的调查，并且对它们具有怎样的特征、市场上的接受程度如何等都进行了分析，也就是通过理论性思考对过去的事例进行情报整理。

通过这一过程，我能以"已有事物"作为出发点，进行更加深入的思考。如果能够通过绘制"已有事物"明确"空白地带"，就可以将这些情报作为制约条件来思考问题，进而得出"前所未有的事物"，也就是从 0 到 1 的构思。通过"有意识思考→理论性思考"去验证"潜意识思考→灵感"产生的构思，这样就能去判断"是否要在这一灵感上赌一赌""这会是有用的构思吗"的问题。可以说，"有意识思考"与"潜意识思考"是从 0 到 1 的两个"车轮"。

"潜意识" 是从 0 到 1 的关键

在从 0 到 1 中起决定性作用的还是潜意识思考。潜意识思考能够产生灵感，但在这一过程中，却极少能够直接产生从 0 到 1 的构思。

比如，调查过去的事例是很重要的环节，换言之，这只不过是把别人已经做过的事情作为知识进行输入，而那些知识只要去调查就都能获得，所以单凭这些是不可能产生其他人想不到的从 0 到 1 的构思的。另外，理论性思考与从 0 到 1 直接相关的情况也很少，理论是指"思考的形式、法则"，也就是说，假如理论上"A 等于 B，B 等于 C，所以 A 等于 C"

是正确思考，那么谁都能沿着导出正确答案的"思考形式"进行思考。也就是说，如果沿着唯一的"思考形式"进行思考，产生的也只是谁都能想到的事物。虽然说理论性思考能够产生从 0 到 1，但其概率极低。

所以，我认为"潜意识"才是从 0 到 1 的主战场。

锻炼理论性思考基础的有意识思考自然很重要，但决定从 0 到 1 成败的则是潜意识的思考力。也就是说，它关系到如何锻炼、是否能够磨炼"灵感之力"，如果我这样说，有人一定会问："那难道不是与生俱来的才能吗？"

的确，只有像牛顿、爱迪生和爱因斯坦那样，自己的灵感足以动摇人类历史的伟人才能称得上是天才。但是，产生灵感的能力本来就是我们大脑的"标准功能"，小小的灵感也是灵感，每个人都有"灵感力"。既然如此，我们都可以锻炼这种能力，所以，我相信每个人都能做到从 0 到 1。

不摇骰子就绝不会"中大奖"

不过，灵感的产生却需要绝对的必要条件。

那就是继续使用那种能力，也就是说，要将灵感付诸实施，不断地积累经验。虽然我突发灵感想到的"三股绳"没能成为"了不起的发明"，但我不会因此而消沉，我会尽情地摇动骰子，即便它"不中"也没关系，重要的是要继续摇动骰子，尽可能地付诸实施，并且继续确认结果。不摇骰子就绝不会"中大奖"，有了"中大奖"的经验，你就会一点点明白实用的灵感是怎样的感觉。

结果表明，能够产生实用灵感的大脑思考回路会被不断强化。

牛顿、爱因斯坦也是如此。

正因为他们持续不断地摇骰子，大脑才会得到锻炼。IQ非常高的神童未必会成为伟大的发明家，就是最好的反证。而且，灵感带来的也是人类本能的喜悦。灵光一现的瞬间，大脑内部会分泌出多巴胺，它就是在我们茅塞顿开的那一刻出现的"快感"。这与其他快感不同，是不会令人厌倦的快感，这种快感源自人类的喜悦。

此前的我为了追求"快感",向从 0 到 1 发起了挑战。"三股绳"的灵光一现,让我兴奋地以为"它是个大发明"而跑去告诉母亲,那种兴奋感和从雷克萨斯 LFA、F1、Pepper 上获得的兴奋感一样。而且,在持续的尝试和挑战中,平凡的我也锻炼出了"灵感力"。

05

"偏颇的经验" 产生从 0 到 1
——产生新灵感的最强方法

"潜意识的记忆之海" 是灵感的源泉

从 0 到 1 的构思来自灵感，为此必须要锻炼"潜意识"。

以理论思考为中心的"有意识思考"虽然很重要，但对于从 0 到 1 来说，最重要的还是能够产生优质灵感的"潜意识"。为此，首先要持续摇动骰子，虽然"不中"的时候很多，但这也有其有趣之处，害怕"不中"而不去摇骰子才最危险。和锻炼肌肉一样，只有经常使用灵感这一"肌肉"，才能锻炼出"灵感力"。

还有另一个要点，就是不断地积累各种经验。

灵感是可以通过学习得到的，并且它会把庞大的"潜意识的记忆之海"当作生存的土壤。当面对某些问题时，我们的神经细胞网就会活跃起来，将此前储存在大脑中没有联系的记忆（情报）联系起来，无论它是否合理，"庞大的记忆"都会产生共鸣，进而自动探寻解决问题的方法。

需要注意的是，这里所说的记忆并不只是我们自己有意地想起的某些事，必竟我们自己能够意识到的脑活动，不过是冰山一角而已。我们经历的事情会被抽象化后刻在神经细胞网上，基本上，我们不会再次有意识地以具体的形式想起它们，但是，我们的大脑却可以把所有记忆都联系起来，包括这种"再也不会想起第二次的潜意识记忆"，然后就会产生灵感。正因如此，灵感对于有意识的我们来说，也是"出乎意料的事物"。也就是说，为了产生优质的灵感，需要不断积累各种经验，丰富"潜意识的记忆之海"。

总之，灵感不是神赐予的礼物，而是来自自己的经验。

"偏颇的经验"产生独特的灵感

什么才是能够产生从0到1的必要经验呢？

我认为有两种：第一种是身为人类理应具有的生活经验。日常生活中的点滴经验会带来快感、不协调感以及喜怒哀乐。如果没有体验过这些，产生的灵感构思就会与他人的生活实感不相符，那样也就不会产生让用户印象深刻的事物。这可以说是一种前提条件。第二种是"偏颇的经验"。也就是说，拥有"其他人没有的经验组合"，这对于从0到1来说最为重要。如果你只拥有与大多数人相似的经验，产生的灵感就会与大多数人相似。

例如，你的工作轻松无压力，平时都是躺在家里看电视，偶尔还会在网上冲浪，那么你还会期待产生谁都没有发觉的全新想法吗？虽然不能说不可能，但除非你对事物的看法异于常人，是突变的天才。否则，普通人只会拥有任谁都有的经验，也只会产生任谁都会想到的主意。

工作也是如此。就算是被上司骂了也一样要工作，而且只有每天都按部就班地做着日常工作，你才会在这一领域内积累到丰富经验，才能正确而有效率地处理业务。在学校里的学习也是一样，如果你已经背过了考点，考试时就肯定能得分，但那肯定不会产生谁都想不出的灵感，因为你没有积累经验。

做"想做的事"，锻炼"潜意识"

我并不觉得"标新立异的经验"重要，反倒觉得尝试去做"想做""有趣"的事情更重要。

它们或许有些麻烦，或者有诸多风险，但我还是要尝试，因为那样自然就会打造出"与自身相适合的经验组合"。人类原本就是各不相同的，比如，人的喜好就千差万别，如果单纯地追求自己"喜欢"的事物，就一定会获得有个性的经验。另外，每个人在生活中都会面对各自不同的难题，若想克服那些难题，也必须要有各自不同的经验。比如，要想克服眼前的难题，就要不断通过磨炼来积累个人经验，当你热衷于一个个挑战时，就会积累起"偏颇的经验"，并且能够在意想不到的时候获得从 0 到 1 的构思，我就已经有过多次那样的体验了。

现在就来说说我的一个体验。

在我成为 Pepper 的首席开发者时，我曾经有过不安。作为领导的我，必须要发挥领导力的作用，但我却最不善于在人前表述自己的观点，这也是我在丰田担任量贩汽车开发经理时就存在的问题。在软银学院的研讨会上，我的表现也逊色于其他人，所以我需要找一家演说培训学校锻炼自己，后来，我果断地报了朋友推荐的戏剧课程。我是一个非常怕生、容易害羞的人，这是我下了很大决心才做出的决定。但是，在自己主动回避的世界里是找不到能够克服自身弱点的方法的。在此之前我从没有上过舞台，所以只能现学现卖。刚开始的时候，我被讲课老师狠狠地批评了。

我为什么不行呢？我一边被骂一边思考，慢慢地自己也明白了一些。初学者的我想要饰演某个角色时，就会想象饰演该角色的演员，然后模仿他。如果是演笨拙的父亲，我就会想到高仓健；如果饰演能够活跃气氛的人，我就会想到阿部贞夫。但是，我越是想施展出浑身解数模仿高仓健，就越是演技拙劣。

怎么办，我要怎么做才好呢？看来是不能模仿任何人了。演技中需要的是发现"自己内心的父亲""自己内心的活跃气氛者"，它不需要你戴上面具装成别人，而是要你摘掉自

己平时总会带着的面具，展现出自己真正的内心，这就是
"演戏"。半年之后，我才体会到这种感觉，然后一点点学会
了演戏。

"演出体验" & "工程师" 组合

这是我的重大发现。

我发现，发挥领导力就是扮演领导。也就是说，我们要
发现自己内在的"领导要素"，将其引导、表现出来。通过
演戏体会到的感觉，我也多少能够用在扮演领导上，不仅如
此，这些经验可能还会为我带来意想不到的灵感。那时我正
烦恼于要赋予 Pepper 怎样的性格这一难题，由于此前并没
有那种带有性格的机器人，所以这个设想简直就是异想天开。
然而，灵感有时会突然显现，我觉得"这就和演技一样"。
当时，我们拥有与 Aldebaran 公司共同开发的 Pepper 的硬
件原型，也就是说，Pepper 的形状、颜色、光泽等已经确定。
不过，在当时的技术条件下，实现声音识别引擎、个人识别
引擎等性能十分有限，但这些都是 Pepper 的构成要素，也

可以说是它与生俱来的个性。

　　人类除了脸、身体，还拥有"记忆差别"等无数的要素，将它们组合起来就能形成人的个性。于是我想，如果让 Pepper 展现出它与生俱来的性格，人们就不会感到别扭，而且它的个性也会令人产生好感。于是，我开始发挥想象，拥有这种个性的 Pepper 是什么样呢？经过一番深思熟虑后，我终于将它设定为"即使不优秀，也要是性格开朗、爱说话的有趣的男孩子"。有了这些设定，又正好赶上创建剧团的导演加入了该项目，大家兴趣相投，互相分享戏剧经验。有了这个幸运的机会，之后，Pepper 的开发速度也加快了。

"无关经验"产生 Pepper

　　如果我过的是普通工程师的生活，或许就很难产生这样的想法。

　　原本是工程师的我，通过曾经获得的戏剧体验而产生了灵感。我会挑战戏剧是因为想拥有领导力，那和 Pepper 完全无关。但是，那"完全不同的经验"却产生了"有性格的人形机器人"这一史无前例的构思的原动力。我真切地感受到，从 0 到 1 就是在将这些"没用的经验"连接起来时产生的。

当然，这是非常易懂的例子。

像这样简单易懂、能够说明"通过不同的经验组合而产生的协同合作"则极为罕见。实际上，在潜意识的领域里，我自己也没注意到很多协同合作会产生化学反应。

例如，几年前我到美术馆欣赏精美作品，那时的天气以及我当时的健康状态；半年前我遭遇了因台风导致的交通瘫痪后，回家之后才松了一口气，还喝了一杯香气扑鼻的温暖红茶；当我因为工作而焦躁时，朋友对我说上一句宽慰的话，我的眼中会感到的湿润；在不太亲近的朋友家里逗玩宠物，回家后身上所带的气味和触感……这些似乎早已忘记了的小小经历，都会作为一个个毫无关系的记忆碎片残留下来，随后灵感就会到来，那是"潜意识的记忆之海"中的灵光一现。

所以，如果想要产生与他人不同的灵感，就要反复积累、汇集自己喜好的"偏颇经验"。总之，要向自己感觉"想做""有趣"的事情进行挑战，不断积累的丰富经验在某天一定会为我们带来从 0 到 1 的构思。

◇◇●◇◇

第 3 章

只有"灵感"不能实现从 0 到 1

01

"组织"要拿来使用
——"上班族"面对从 0 到 1 时的基本姿态

"革新困境"是出发点

进行从 0 到 1 工作的往往是风投企业。

风投企业意味着"企图冒险",因为它开展的是冒险的新事业,它存在的本身就是从 0 到 1。而且,它也是将所有的资源都投入到从 0 到 1 中的组织,因此,有志实现从 0 到 1 的人去风投企业工作是极为理想的选择。但是,我并不认为只有风投企业才能抓住从 0 到 1 这一机会,即使不在风投企业，也要积累从 0 到 1 的经验，不在风投企业也照样能做成这样的事情，这是我在丰田和软银这样的大企业中所获得的真实感受。

不过，你首先要对它的前提有所敏感。

企业要有"革新困境"的精神，这是前提。在已经拥有了成功事业的企业中，想要从 0 到 1 获得成功的确困难，一味地对这种现状发出感叹也无济于事，还不如以此为出发点，做好预判及时应对。如果了解公司的机制，你就会知道那是不可避免的现象。企业之所以能够存在，就是因为保守派的"老东西"获得了成功，从而确保了企业能够获得稳定的收益，也就是说，正因为有"老东西"的存在，才会有企业的存在。而新事物大多会否定"老东西"，因此新事物自然会遭到强烈抵抗。

随身听被 iPod 淘汰就是简明易懂的例子。

当时索尼也在推进与 iPod 相同构思的产品，并且它的技术、设计并不逊色，可索尼为什么失败了呢？就是因为索尼有必须需要守护的"老东西"，为防止索尼公司里的所有音乐、电影等内容被违法盗用，他们使用的是难以被盗的系统。其结果就是，他们输给了没有"老东西"需要保护的苹果公司。

公司里总是"老东西"有力量

当然，这是经营判断的问题。

如果当时的索尼能够果断地转换经营方向，事态或许就会不同，但是即便在这种情况下，开发部门也一定会正面感受到"老东西"的压力。因为"老东西"才是公司的收益之源，新事物通常是在博弈，是否能成功，只有做过之后才能知道。要在这种不确定的事业中颠覆因"老东西"而获得的资源，"老东西"自然会有绝对性的发言权。在公司里，新事物总是要比"老东西"更被动。

即便新事物成功了，产生利益也需要一段时间，在此期间支撑公司的仍然是"老东西"。那些打着"协同合作"的旗号，同时施加压力折损新事物力量的案例比比皆是，很多公司新事业破灭的最大原因就在于此。所以，公司要想实现从 0 到 1，领导者不仅要学会思考，更要发挥强大的领导力。如果领导者说"我们公司的革新不足"，员工就可以提议制作自下而上的革新计划，可假如领导者不能提议自救并且发挥领导力，新事业则很难成立。

即便领导者有那样的领导力，从 0 到 1 的项目组成员在公司内处于劣势的现实也不会改变。如果认识不到这一点，从 0 到 1 的项目组成员就会在公司内部受到排挤打压。

"冒险企业"必然会变质成为"官僚组织"

另外，企业也有生命周期。

大多数企业都会从风投开始做起，所以，创业公司中对新事物具有冒险精神的人占大多数，但在获得成功后，这些人也会一点点变质。为了维持、扩大成功的事业需要录用更多的人，而一旦人多，管理就会变得松散，体制就会发生变化。也就是说，业务开始了"结构化"，这种蜕变是只有成功的公司才会出现的成长轨迹。

但是，这时也会出现困境。

因为相比擅长创造新事物的人才，擅长管理的人才会逐渐占据大多数。在有创业成员时，企业会具有风投精神，但在他们离开后，把秩序作为"宪法"的管理派开始变为保守派，从没进行过从 0 到 1 的人就会开始掌握实权。于是，曾经充满冒险意识的风投企业逐渐变成官僚组织。这不是"好坏"的问题，这是在合理地经营企业时必然出现的生命周期。正因如此，我们需要在理解这一生命周期之后，再选择你在公司里的姿态。

首先应该认识到的前提是，在官僚组织化的社会里，从 0 到 1 不是"担负未来的支柱"，而是"额外工作"。公司为了对品质进行管理，要彻底执行"遵守业务量""明确责任分担""业务效率化"等内容，但从 0 到 1 却没有这些规则要遵守。

例如，你想做某些新事物，就会对其他部门产生影响。对于其他部门而言，那只是脱离标准化业务量的"追加工作"，大家自然是不希望在忙于普通业务的同时还要增加其他的工作量。遵守标准化业务量很安全，而进行从没做过的"额外工作"则伴有未知风险，因而大家自然不会轻易认同这一工作。在从 0 到 1 的过程中，这样的局面会逐渐出现，想要有所突破会很吃力。虽然有时会感觉这样做"不讲理"，但那也是无可奈何，在这种状况下，我们只能在工作的推进方法上下功夫。

从组织中引发出"巨大能量"的方法

此外还有绝对不能脱离的准则。

那就是"任组织使唤"的谦虚态度。你是在利用组织这一资源，向你确信的"有趣""有价值"的从 0 到 1 进行挑战。你千万不要忘了对组织表达感谢之情，这对于组织人来说，或许理所当然，但这一态度是否坚决却决定着从 0 到 1 的成败。不要感叹得不到公司的协助，要思考怎样才能让远远围观的人变成后援团。遇到其他部门的抗拒时不要生气，要思考怎样才能做出点亮对方内心的提案。这种思考法才是最重要的。

当我们的同伴增加时，组织就会给予我们巨大的力量。

风投可以拥有庞大的预算以及设备，而且还能通过其他部门专家的卓见，进一步打磨构思。公司拥有的品牌力与信赖度，将成为其对外交涉时的强大支援，当然还可以请其他部门将其在公司外部的工作网也介绍给自己。而且，即便从

0 到 1 失败了，也不会被炒鱿鱼。既然如此，那就拿出勇气果敢地去挑战。这些都是工薪族才能享受到的极大优势。在丰田与软银工作时，我感受到了那种力量，希望大家也能最大限度地利用这些力量。

"强人所难"才有机会
——灵魂中潜藏的"自上而下"是从 0 到 1 的根源

"强人所难"活化思考

"降低 3% 的成本很困难，但是降低 30% 却马上就能做到。"这是松下幸之助的名言。

以前的松下电器（现在为 Panasonic）曾经向丰田提供车载收音机，丰田要求每年降低 3% 的成本，有时还会要求砍掉成本的 30%。每年砍掉 3% 的成本已经很困难了，于是松下的负责部门做出了"无论如何都做不到"的判断，但就在他要这样回答时，松下先生介入了，他做出了自上而下的指示："降低 3% 的成本很难，但是降低 30% 却马上就能做到。"

这是怎么回事呢？主要是因为如果要砍掉 3% 的成本，就需要反复进行思考。

越是反复改善，改善的余地就会越少。所以，砍掉 3% 的成本会逐年变难，然而，如果想要砍掉 30% 的成本，就只有重新制作新产品才能实现这一目标。从 0 开始思考虽然会很辛苦，但重新变回一张白纸后，想办法的空间反而一下子变大了，所以砍掉 30% 的成本更简单。这就是松下先生的想法。

确切说，这是强人所难。在一线工作的人们一定会说："这是胡来。"这是很自然的反应。但我却认为这是正确的思考方式，组织力要自上而下发挥，由于上司的"强人所难"，一线工作人员的想法才能得以实现，而这也就成为产生从 0 到 1 的巨大原动力。

不妥协的上层才是从 0 到 1 的发动机

丰田的 Prius 就是如此。

Prius 是丰田生产的世界上首个搭载了混合动力系统的

量产汽车，一经推出就在国内外引起了巨大反响。在我进入
丰田公司前，Prius 已经开始销售了，那时的我满怀期待地
关注着新闻，但是，据说开发团队最初的方针中并不打算使
用混合动力，当时开发团队接到的任务是生产"有利于环境、
耗油量低的量产车"。其实，丰田的一部分工程师很久以前
就在进行混合动力的开发，据说也讨论了利用混合动力的可
能性，但最终还是断定此项技术不成熟，不能实用。于是他
们便向上级汇报了利用已有技术打造"耗油量降低 50% 的量
产车"的方针。汽车要承载人命，因此开发汽车时首先要考
虑到安全性。

但是，这里却出现了强人所难的问题。

当时担任丰田副社长的和田明广突然提出了一个匪夷所
思的要求——"打造出耗油量低 2 倍的汽车"。那时的首席开
发者内山田竹志（现为丰田汽车会长）吃惊地表示："耗油
量降低 50% 是现有技术的极限。"于是，和田明广提议用混
合动力试试看，内山田竹志自然是以"现有技术能力不足"
为由全力反对。就在两人在"做得到"和"做不到"的对答
中展开激烈辩论的时候，为激烈的辩论划上句号的和田明
广说："只降低 50% 没有意义，你要是一直反对，那就终

止项目。"

也许有人认为和田明广很粗暴。

但如果没有这种不容妥协、勉为其难的难题，Prius 就不可能诞生。正因为和田果断地设定了"油耗降低 2 倍 × 混合动力"这一框架，为一线车间树立了"障碍"，以内山田竹志为首的经营工程师们才敢冒险"舍生取义"。可以说，正是因为有了和田明广的严厉命令，才创造出了能够最大限度发挥能力的环境。

任何人都能完成的工作不是从 0 到 1

如果我们想要进行从 0 到 1，就要去寻找包含上司心意的难题，抓住"机会的前奏"。

Pepper 项目就是如此。坦白说，孙正义社长提出的"普及能与人心灵相通的人形机器人"这一使命是十分"勉为其难"的难题，因为原本已经决定以法国 Aldebaran Robotics 公司的平台为基础进行共同开发，但那里的硬件并不齐备，所以既要做出能够自行工作的机器人，又要确保安全不会危害他人，那是根本不可能实现的。而且，在硬件上要加上什么样的软件也全无头绪，何况又要在两年半后投入市场，这可以说是个无理的难题。

我是在工作调动后才知道这一情况的，因此有些吃惊。即便如此，我还是没有动摇"我能做到"的信念。不论如何，这是包含了身为领导的孙正义社长心意的无理难题，我已经预见到了这项工作的艰难性，但这正是从 0 到 1 的条件。我做好最坏的准备后，便开始了在软银的创造工作。

工作正如我所想得那样艰难。

从企划到实施，全程错误百出。"重新提炼企划！后天之前要想出 100 个点子！""就是因为你的热情不足，所以项目才会没有进展！"我受到了孙社长的多次斥责。它每次都像是一记重拳给我沉重的一击。但是，孙社长每次在相关工作人员面前对我的斥责，正成为了推进项目前进的有效力量。看到我无论遇到怎样的挫折都想尽办法去克服，我的团队成员都振奋了起来，可以说只有受到打击才能推动项目前进。

那一记重拳的影响直到我们开始向普通家庭出售机器人才停止。我们的开发团队按照最初定好的企划内容，在公司内部进行了 Pepper 的公开演示。作为一般销售后的第二阶段，Pepper 感情模拟生成引擎的试验品预计在此时公布，看中了这一项的孙社长要求将该引擎搭载在面向一般家庭的销售模型上，但是，要满足这项要求却要面对一个怎么也解决不了的问题，那就是 Pepper 的计算力不足。如果要搭载 Pepper 感情生成引擎，CPU 就会因为超负荷运转而无法工作。

为此，我报告了产品交付期的问题。我主张"在产品交付期前必须进行深度思考"，但孙社长又说"出售的 Pepper 不能无趣"。于是，我继续寻找可实现的搭载新 CPU 的可能性，过了将近一年的时间，我们开始研发适宜搭载的新 CPU，然后又过了大半年才终于有了一些头绪。但即便如此，也赶不上预定发售日期，我不得不向孙社长提出延期发售。试想，要使举全社之力准备的发售日延期，这肯定是一件很难的事。

但是，孙社长却出人意料地同意了延期发售。如果没有这一英明的决断，Pepper 的命运或许就会改变。在 Pepper 项目上，正是因为孙社长投入了全部精力，他才会决不妥协，才会不厌其烦地给一线工作人员出难题。对一线开发团队来说，那大多是非常难的课题，但只有吞下这样的难题，才能够打破困境，并且让 Pepper 被世人接受。无理的难题，才是从 0 到 1 的引擎。或许根本就不存在从 0 到 1 的无理难题，或许没有无理难题就意味着是任何人都能完成的简单工作，而这样的工作当然不会产生从 0 到 1。无理难题正是从 0 到 1。

因此，我们应该追求无理难题。只有注入了领导者灵魂的无理难题，才有可能实现从 0 到 1。

03

领导力的根源是热情
——为了实现理想的从 0 到 1，"影响力"不可缺少

从 0 到 1 中一定会遇到的困境

我是"工匠"。我强烈地希望接触事物、创造事物，且我喜欢一个人全身心地投入到造物中。对于"工匠"而言，能够在雷克萨斯 LFA、F1 不断进行从 0 到 1，这就是最好的充实的生活。我也曾想做这样的工匠，但我也从中感受到了困难。

那是在我参与 F1 项目时的事情。作为空气力学工程师，我每天都在争分夺秒地努力工作，其实我最在意的是从 0 到

1 的构思。丰田是 F1 的新参与者，为了能够战胜法拉利等史上知名的强队，单靠模仿他们是不行的。每个团队都在"改良"，如果没有能够超越他们的构思，就没办法凌驾于他们之上。幸运的是，每次我想出的想法投入实战后，都能获奖。但是，那只不过是单次的好成绩，要在下一次的比赛中追赶上其他团队，就要在一年时间里保持不败，那就非常困难了。不久，我就深切地感受到了与顶级团队间的差距。

正是那时，我陷入了困境之中。

我负责的是空气力学这一领域，但这一领域并非是独立的。为了让汽车四周的空气能够更好地流动，在设计汽车时就要对汽车有整体的设计概念，反过来说，利用整体设计也能制约空气力学。但如果只是实现理想的空气力学，而并不能开发出其他性能，也不会获得成功。也就是说，我需要整体计划，并为此进行反复试验，只有这样才能完成属于我的"制胜赛车"的整体形象。但是，我毕竟只是一个工程师，我多次向上司提出"应该改变整体设计思想"的意见，可那时我太年轻，分辨不清自己的立场，根本提不出超出自己业务范围的想法，毕竟那是技术超群的首席工程师的工作。

这让我很痛苦，后来我顿悟了。我要做我认为正确的工作，我就不能只是一个"工匠"。如果我不能站在"能够对所拥有的人力、物力、财力进行分配"的经理立场上，我就只能实现有限的从 0 到 1。

只有灵感无法产生从 0 到 1

只有灵感无法产生从 0 到 1。

这是现实，即便有很棒的主意，如果没有与之相符的"影响力"，这个主意也无法实现。当你说出"这么好的主意公司却不懂，我们公司还是不行啊"之类的话时，无论对你自己还是公司都不会有什么影响。可仔细观察后，你就会发现此前产生的所有从 0 到 1 都要在"影响力 × 构思"上保持平衡。

例如，丰田的 Prius，那次的从 0 到 1 是因为有极为优秀的一线工程师才得以实现的，同时，我认为当时的项目领导和田明广副社长所拥有的强大的政治力量，也是一大因素。开发时，就算是一线的工程师也要慎重利用 Prius 技术。也就是说，这是一场谁也不知输赢的赌局，针对这种项目进行投资，公司内不可能没有压力。在与这种压力对峙的同时，如果没有推进项目的政治力量，Prius 也很难完成。

被称为日本茶道创始人的千利休也是如此。

60 岁之前，千利休都在继承先人的茶道做法，而拥有政治影响力的他，在 60 岁后才开始从 0 到 1，仅仅用了不到 10 年的时间就创立了草庵茶文化。如果在没有影响力的时候就开始茶道改革，他的改革一定不会成功，当然，我就算是怎么努力也不可能成为和田副社长或者千利休那样的人物。在改革过程中，如果不能掌握控制项目方向性的“影响力”，就不可能实现自己坚信的从 0 到 1。每每想到这些，我就想起进入 F1 之后，决定挑战经理这一职务的艰辛。在回到日本就任时，我向丰田的 Z 部门提出了调动申请。Z 部门是量产车的产品企划部门，包括引擎、刹车和悬挂架等多个专业部门，是管理整个项目的司令部。当时，我以辅助领导 Z 部门的首席工程师的身份，开始管理已有量产车的模型更换，也就是属于丰田开发部的保守部门。

然而，这项工作进展非常艰难。

当时我的职务是股长，却被命令要与高出自己两个等级的各部门部长对等交涉。对于不善交流的我来说，单是交流就已经很难了，况且我并没有做量产车的经验，也没有工作上所需要的专业知识。谁能喜欢什么都不懂的毛头小子当管理者呢？所以我陷入了四面楚歌的境地，这完全是因为我的能力不足造成的。考虑到自己的实力，当初去 Z 部门原本就令我害怕，而如今，我更害怕了。我的神经绷得好紧，有时感觉走进一条死胡同，几乎每天都处于忧郁中。即便如此，我还是拼命地挣扎着，不断积累量产车知识，逐渐掌握将各种相关人员带入项目、推进项目的诀窍，由此，我也逐渐体会到了经营管理的乐趣。

目标不是"工匠"，而是"经理"

虽说经历重重磨难，但到现在，在经营管理与领导力上，我还是没有自信，估计自己要在这一领域奋斗一生了。

确切地说，我还是更适合做"工匠"。在 Pepper 时，我也很多次陷入项目难以推进的局面中，也曾有过因为不能如愿获得其他部门的协作而头疼不已。有时在会上当着干部们的面，我还被孙正义社长狠狠地批评说："因为你的热情不够，所以项目才没有进展。"那时会议室里瞬间充满了紧张感，而我还不能提出反对的意见。孙社长说得没错，而我也能感觉到他这句话中的关怀，因为这句斥责强烈地表明"Pepper 的领导就是你"。

最终，打动人心的只有热情

说到"热情不够"一词，的确令我大吃一惊。

就我自己而言，我对 Pepper 也抱有不输孙社长的热情。我曾是软银公司里的新参与者，因为对其他部门未曾有过多的关注，所以我才要对自己进行"调整"。我想起在 LFA 时的事情，那时的我凭借着一腔热情去行动，对上司和其他部门的人也热情招呼，有时也因为我的不成熟产生过一些矛盾，但我还是获得了很多人的帮助。我想，这就是领导力吧。后来，是孙社长让我明白，打动人心的只有热情。如今，因为孙社长的斥责，项目一点点步入了正规。之后虽然也曾不断陷入困境，但我总算还是将关系到几百人的项目引领到了终点。

所以，谁都能成为领导。领导力的根源就是热情。

只要有"想要进行从 0 到 1"的纯粹热情，领导力等所必要的技能都会慢慢得到。相反，如果没有热情，无论使用多少技能，也不会得到别人的帮助。所以，优秀的"工匠"一定要有热情，只要拥有热情并为目标而不懈地努力，最终每个人都能发挥领导力，都能够实现自己内心所描绘的从 0 到 1。

◇◇◇◆◇

第 4 章

"细节"是从 0 到 1 的发动机

"目标"决定从 0 到 1 的成败
——将用户"隐形的愿望"设定为目标

"愿望"为主,"技术"为辅

我是作为工程师开始职场经历的。

作为工程师的我可能有了一些改变,与其说我喜爱技术,不如说我是为了实现某些"愿望"而使用技术。从儿时起就是这样,我喜欢宫崎骏导演的动画片,特别喜欢动画片里出现的飞行工具。《风之谷》中曾出现过一种没有尾翼的飞机"梅卫",我非常喜欢它,我"真想实际乘坐一次"。于是,当时还是小学生的我,就制作了一个 1 米左右的机翼"梅卫"

模型。对于我的这种尝试，曾是工程师的父亲也感到很高兴，但他对"梅卫"本身却并不认可。他说了些诸如"没有尾翼的飞机不能稳定飞行""飞机会马上坠落"等让我扫兴的话。但我内心里却认为，"不可能会那样，这是宫崎骏构思的外形啊。"于是我继续做着自己心目中的"梅卫"。

结果可想而知，惨败。我利用市售模型飞机进行改造，虽然"梅卫"机翼做工精良，在无风的情况下可以缓慢飞行，但稍有风从侧面吹来，它就会旋转着坠落。对于梦想着"梅卫"能够成为日常交通工具的我来说，这是致命的打击。父亲不幸言中了，但我仍然以不甘心为动力，开始不断思考"为什么会失败？""飞机的飞行机制是什么？"等问题。或许这一经历就是我上大学时主攻空气力学的原由。

中学时，我痴迷自行车。

当时对我来说，在我家附近的空地上骑车非常快乐，这是一种非常有趣的模拟冒险体验。我也喜欢跑到那些从没去过的地方骑车，我觉得那是一种挑战。有时我也和朋友们比赛，比如，我们会争抢着从落差较大的地方骑下来，然后飞驰而去，这样一来，我骑的自行车自然就会负荷过高，以致于最终坏掉。迫于无奈，我开始改造自行车，着手研究"自行车的构造是什么样的""怎样才能提高车轮强度"等问题。

如今回想起来，那时我的"工程师之魂"或许就已经萌芽了，对我来说，当时最重要的就是"乘坐梅卫""骑自行车越过障碍"等愿望。为了实现这些愿望，我学习了很多东西，换句话说，就是以"愿望"为主、"技术"为辅的思想。这也是我至今都没有改变过的理念，并且这一理念导致的结果就是，其后诞生了从 0 到 1。

探索与人类"实感"相伴的目标

我在入职丰田的第三年，偶然被人拉进了雷克萨斯 LFA 项目，安排给我的课题是"强制下坠"。强制下坠是使车体强制向下的空气力，如果这一力量稳定而强大，轮胎与地面的摩擦力就会加大，而摩擦力越强，飞驰时的稳定性也会越强，乘坐起米也会越舒适。

当时即便在全世界的汽车制造行业中，能意识到强制下坠技术的人也是凤毛麟角。虽然当时也有自称强制下坠的汽车，但在实际测试时，它们大多发挥不出这一性能。只有赛车界才真正实现了这一性能。

这样看来，我们需要把不在普通道路上奔跑的赛车技术用于市售汽车，这对空气力学工程师而言，是极具魅力的从 0 到 1。但是，在这里我总觉得还缺少某些东西，这不仅需要我考虑"强制下坠"这一课题，还需要明确具体该做什么。

于是我开始思考，购买 LFA 的用户到底需要的是什么？

对于每台 3750 万日元（约合 625 万人民币）的高级轿车，用户不可能没有"强烈愿望"，了解了这种愿望，我们就知道自己应该做的事情了。于是我有了灵感。虽然我没有买过那么昂贵的东西，但有时我也会硬着头皮买些奢侈品。比如中学时代，我拼命攒钱买了定制自行车。虽然高级轿车与定制自行车价格不同，但这种想买的心情是类似的。那时我究竟想要的是什么呢？于是我翻阅了当时的自行车杂志，贪婪地阅读与自行车有关的任何信息报道。

我感觉特别有趣的是开发研究这件事。

为了提高自行车的趣味性能，工程师一般会在设计上下大功夫。而这些功夫则会通过自行车零件、框架形状上的美感表现出来。我在读开发过程中所遇到的一些事情时，感觉就像在看 NHK 电台播放的纪录片中的开发细节一样，通过这些作品，我似乎能够看到与此相关的人们的热情。

也就是说，我硬要买的其实是"憧憬"。所以，购买 LFA 的用户所想要的东西，本质上并不是强制下坠的这一现象，而是这车太棒了的憧憬。由此，我将工作的目标设定为：把"憧憬"有形化。

用户追求的不是"技术"

这样，我该做的事情就能一点点变得具体起来。

首先，我的目标不是单纯地追求"强制下坠"，而是实现"强烈的强制下坠"。然后，把能够简明表现出这一开发细节的形状设定为目标。为了能够兼顾这两点，我注意到，车体内侧是乘用车产生强制下坠的关键点，一旦有特定的空气流接近这两个平面，就会产生将两个平面黏在一起的合力。

这样看来，如果能够控制好流进车体内侧与地面间的空气，就能够产生强烈的强制下坠。通常来说，车体表面的形状由设计师决定，而内侧则由工程师决定，作为工程师的我，也认为这是很容易研究的领域。

于是，像考虑赛车一样，我开始思考在车体内侧覆盖外皮。普通乘用车内侧的各种零件都是乱七八糟地裸露在外面，我要将它们全都掩盖上。为了创造出理想的气流，我还要在这层外皮上做出空气的流动通道，让车体后方的覆盖物形状向上，这样就能抽出空气。一般人不会注意车体内侧，但对售价3750万日元的汽车感兴趣的发烧友来说，他们是非常注重细节的，尤其是在看不见的地方的精工细作。并且，人们只要看到车体后方的形状，就能快速地明白设计者在这一创意上下了多少功夫。我并不想要过多创意的设计，只是想要它真正实用。如果能够进行这种开发，用户的"憧憬"就一定能够得到满足。正因为喜欢思考，我人生中的首个从0到1开始了。

很遗憾，在开发进行中，我被调去了F1团队，直到LFA上市销售，我再没有与之有过任何交集。但这一概念，却在接替我工作的负责人以及相关人员的辛勤努力下实现了，用户也给予了好评。对我而言，经验成了工作的"指标"。

现在看来，最关键的就是我知道了该把从 0 到 1 的目标设定在哪里。我认为，一定要把用户的"隐形愿望"设定成目标。所谓"隐形愿望"，就是虽然用户不会说，但是他们在曾经看过或经历过后想要的那些东西。这种"隐形愿望"设定以后，我们终于可以开始思考投入新技术，并产生从 0 到 1 了，但是这种"以技术为出发点的从 0 到 1"是很难得以实现的。新技术或许能产出"迄今为止没有的东西"，但如果不能被市场接受，就只能是自我满足。可以说，满足用户的愿望是主要的，而选择技术则是次要的，也就是说，"愿望"为主，"技术"为辅。

由此可知，用户追求的不是"技术"而是"愿望"，用户的"愿望"就是从 0 到 1 的目标。

02

◇◇◇◇◇◇◇

"细节"是从 0 到 1 的引擎
——只要是有魅力的细节，就一定会出现"协作者"

只有负责从 0 到 1 的部门想做"新事物"

设定的目标，往往决定从 0 到 1 的成败。

这听起来合情合理，但非常容易被人遗漏要点。对于用户而言，如果设定的目标毫无魅力，哪怕是自己经过深思熟虑、投入最新技术而得出的新设想，其成果也不会被市场接受。或许那是前所未有的东西，但它却无法从"无生有"。如果不能设定出有魅力且具有说服力的目标，就很难得到公司内部的协助。从 0 到 1 对于其他部门而言，并不是日常的工作，而是强加的"额外工作"。没有充分的根据，在处理"额外工作"上，团队成员就没有花时间的合理理由。悲哀的是，想要创造新事物的往往只是负责从 0 到 1 工作的部门，其他部门的人则希望"不要引火烧身"。因此，要想获得他们的协助，一定需要提前设定具有魅力与说服力的目标。

在 LFA 的项目中，我深深地感受到了这一点的重要性。

我将用户的"憧憬"设定为目标。为了在产生出"压倒性强制下坠"时，也能展现出开发细节，我考虑在车体内侧全部包裹上外皮。但实际上，这是非常辛苦的事情。汽车是由无数零件精巧地组合在一起的，它的成型、冷却、耐久性、安全性、维护、原件、质量、法律制约等方面与无数错综复杂的因素联系在一起，最终才成为一个整体。即便一个零件只是移动了 1 厘米，所有的零件也都会受到影响。所以，在经过全面讨论后，我们必须要在已有的装备上进行变更。

当然这也产生了新的问题。由于对覆盖物的认知较少，我们利用已有的预测技术并不能得出精确值，要在事前预测出"会发生什么"的确很困难。车体内部的我们想不到的地方或许会产生发热、共振音等问题，这就需要我们提出预测技术与解决对策，必竟这样的问题会影响到撞击的安全性。

为此，我们需要重新思考新问题带来的所有风险。

想要解决这一个个问题，简直会令人头晕目眩。如果没有其他部门专家的协助，哪一项工作都不可能取得进展。

打动一流工程师的"语言"是什么？

很多次，我都为此而进退两难。

以前曾经发生过这样一件事，为了得到"压倒性的强制下坠"，我需要不断试验车体内部会产生怎样的空气气流，最终得出的结论是：必须要扭曲悬挂架。众所周知，为了不让因地面凹凸不平而产生的震动传导至车体，悬挂架是必须使用的缓冲装置，其是与乘坐舒适度、操作稳定性直接相关的非常重要的零件，同时它也具有承受刹车力、确保安全性的重要功能。因此若将悬挂架"扭曲"，相关部门的负责人当然不会给我好脸色看。

我一边展示实验结果，一边强调通过扭曲悬挂架而产生的"压倒性的强制下坠"的效果。但是，无论我说了多少技术方面的问题，那位负责人都不点头。结果，我吃了闭门羹，之后我又连续几日去拜访了他。

终于，有一天，这位负责人的态度开始转变了。

我曾经以 LFA 的项目目标为起点，针对开发细节的重要性，与他进行了激烈的辩论：

"假如你看到了很棒的汽车开发细节，一定会很兴奋吧，而且还会对那辆汽车产生憧憬。购买价格为 3750 万日元汽车的人肯定会有这种憧憬，这些人知道，在某些看不见的地方，一定存在着一些价值。LFA 最大的卖点之一，就是通过空气力学而产生的强大的下坠力。强烈的下坠力，能够提升驾驶员操纵的稳定性，因此我必须要扭曲悬挂架，这样才会产生顾客所憧憬的开发细节。正因为这是其他汽车设计者没有想到的，所以扭曲悬挂架才会产生出惊人的价值。如果没有你的协助，就不可能产生出那种价值，你能帮助我吗？"

我说完后，负责人沉默了一会儿，然后他缓缓地说："那该怎么做？"

我当时很开心，为了实现我所描绘出的从 0 到 1，负责设计悬挂架这一重任的责任人愿意帮助我了。之后他便开始设计"即便扭曲，但强度、性能也不会改变的悬挂架"。这

就是我惹怒了上司，随后又被调去 F1 团队的一系列事情的
开端。

每个人都希望"有故事"

这一经验给了我很大的启示。

前面我的那些话，只是尽情地表达了"希望你能理解我"
的意思，但是，作为担负重任且必须慎重万分的负责人的态
度却改变了，这是为什么呢？我觉得首先是因为在我所设定
的 LFA 的目标方面，他与我产生了共鸣。除首席工程师之外，
一般不会有负责人说起 LFA 的目标设定。但是，他也是因为
喜欢汽车才会在丰田工作的，憧憬开发细节的那份心情肯定
是相同的。我也是按照自己的真实感受而设定目标，所以才
能由衷地讲述出来，估计这些讲述也一定打动了他的心。

第二点就是我所说的开发故事。

为了制造强大的下坠力需要扭曲悬挂架，对用户而言，
与这一机会相伴的细节开发，才是最有价值的。在我说这话
时，就像是在拜托他成为这一开发领域里登场的关键人物一

样。我想这也是打动他的原因之一。的确，每个人都希望自己"有故事"。我从曾经很受欢迎的"项目 X"这一节目中就能体会到这一点，这个节目每次都让我心动不已。我为什么会心动呢？那是因为，为了创造出有价值的事物，几位登场人都会制造出层出不穷的故事，而我自己也想有这样的"故事"，这也许是源自人类希望获得他人认可的欲望，是人的本性之一。

从 0 到 1 的创造过程，不到最后谁都不会知晓正确与否。

即便大家都想制造出好车，但如果不进行尝试，谁也不知该以空气力学优先，还是该以悬挂架优先。在有限的时间里，接下了"扭曲悬挂架"这一麻烦的额外的工作，当然多亏了设计负责人的灵活应对，以及对这份工作的理解。但我也认为，正是因为我热情洋溢地讲述了我的开发故事，才刺激到了设计负责人的"根本性欲望"。

每个人都希望"有故事"，这对我来说是一次重要的体验。

在实现从 0 到 1 的时候，想要获得其他部门的协助，单靠提出技术方面的正当诉求是不够的，还要告诉对方能够引起相互共鸣的目标、实现这一目标的"故事"以及希望他们也能在这个"故事"中。只有这样，才能真正地打动人心。因此，从那之后，不论是做 LFA 还是 F1、Pepper，我都会努力讲述"故事"，这并不是说只要讲了故事，事情就能 100% 顺利进行。要知道，关心对方很重要，具备沟通交流能力也很重要。老实说，我并不擅长这些事情，给对方留下的不快，往往也像小山一样。但是，我要说的一件一定能打动其他部门人员的事情，那就是相信"故事力"。

那么，我想做的从 0 到 1 的目标是什么呢？那个目标能够让用户甚至公司内部引起共鸣的"实感"吗？为了实现这一目标，我需要讲"故事"吗？我总会这样问自己。

03

在"有计划"与"无计划"间前进
——如何推进从 0 到 1 这一"视野不好"的工作？

从 0 到 1 往往是"视野不好"的工作

从 0 到 1 中较为困难的通常是进行运营管理，且从 0 到 1 往往是"视野不好"的工作。虽然说能决定工作"目标"，但那也只不过是概念，并不能看到具体的产品，也就是摸着石头过河。要在有限的时间内，抵达并不明确的目的地，谈何容易？没人知道中途水流的缓急，也没人知道水中是否还有漩涡，种种危险就隐藏在从 0 到 1 的背后。在这种称之为冒险的工作中，相关人员自然是退避三舍。正因为这样，没人会协助你推进工作，你也得不到别人的任何帮助。

若要避开这种危险，你需要怎样进行运营管理呢？

我想到的是"垫脚石"。根据与目的地间的差距以及既定的时限进行倒推，可以一步步地放置"垫脚石"，而讨论如何跨过"垫脚石"、委任负责部门等都可以稍后再做决定。但下一步的目标要定在哪里，对项目经理来说才是最为重要的事情。只有连续地从一块"垫脚石"跳到另一块"垫脚石"，才能到达目的地。当然，"垫脚石"只是临时的，"垫脚石"的位置要在坚持既定目标的基础上，根据情况随机变动。对情况随时有变化的从0到1来说，以这种宽松的计划为基础进行运营管理，才是最为现实的。

除此之外，当然还有很多种能够"过河"的方法。比如"搭桥"，一开始就决定好到达目的地的方法，然后直接冲向这一目标。也就是说，提前制订一个万无一失的计划，这可以说是最为有效的而且也容易进行运营管理的方法。对于过程清晰、目标可见的计划，这种方法比较有效，但这并不适合从0到1。毕竟在从0到1的过程中，具体的目标点、实现目标的方法等都不明确，因此很难制订出一个直奔目标的工作进度，就算勉强制订的详细计划获得了上层领导的认可，也有可能成为今后束缚自身的镣铐，有时，与到达明确的目的地相比，人们反而会将遵守计划当作目的。

　　这其实就是本末倒置。虽然这是适用于已有事业的方法，但却不能生搬硬套地用在从 0 到 1 上。从 0 到 1，注重的是反复尝试的过程，除了反复尝试，再也没有让模糊目标清晰起来的方法了。一旦"搭桥"，反复尝试的机会就会少之又少，也就根本无法做到从 0 到 1。

"有计划"与"没计划"之间的正确方式

　　话虽这么说，但工作中也不能完全没有计划。"没计划"等同于"游泳过河"，也就是在没有任何帮助的情况下独自一人朝着自己认定的目标方向一直游过去，但这很困难。假如指定的目标稍远，一线的工作人员就难以进行对接工作。再说，从 0 到 1 需要团队协作，太过遥远的目标没办法整合成目的意识，就算最终到达了彼岸，我们还是无法获得"成就感"。这样一来，开发人员很难保持长时间的工作热情，也会陷入不能进行运营管理的困境中。

这样看来，"垫脚石"确实很重要。

"垫脚石"要设置在能够让每个项目成员的力量发挥到120%的重要位置上，还要用讲故事的方式告诉他们，只要他们能够跨越每一个"垫脚石"，就一定能到达最终的目的地。在共享了这一信息后，大家会产生跨越当前的"垫脚石"的力量，在成功走过这块"垫脚石"时便能产生成就感，也会产生出以下一块"垫脚石"为目标的活力。反复积累这种经验后，团队就会自觉地向着终点而努力。这样做之后，运营管理也就变得容易多了。

有了临时的"垫脚石"，也就有了推进项目的领跑者。

若想按部就班地熟练地跨越一个个"垫脚石"，每个相关人员就要超水平发挥自己的实力，这样一来，必然会在一段时间内有所进步，有所发现。它既能避免员工在有限的时间内一事无成，又能让相关人员认为"我们要比自认的更能干"，只要这样不断地去做，就一定能到达终点。

正因为是临时的"垫脚石"，我们才能方便灵活地修改轨道。当你认为"方向错了"时，只要再换成下一个"垫脚石"就行了，拥有反复尝试的余地，也是"垫脚石"的优点。这才是在从0到1中的"有计划"和"没计划"之间，进行运营管理的正确方式。

设定目标时，一定要从"目标"进行推算

这里要注意的事项是，"垫脚石"要设置在能够让每个项目成员的力量发挥到120%的重要位置上，这和所谓的"直线目标"不同。

相比成员自身能够完成的目标，"直线目标"是指通过设置一个稍高一点儿的目标，使成员们拿出全部的实力去奋斗。这通常需要各负责人设定自己或者各自部门的目标，然后再据此设置直线目标。但是，这一方法大多不适用于从0到1，因为从0到1"视野不好"，一旦将最初的目标设定交给各负责人，他们就会因为"视野不好"而产生恐惧心，因而一定也会将目标设定得很小。而这种以此为基础的直线目标，从根本上说没办法产生从0到1，从0到1本来就是"谁都没做过的"事情，因此这也很正常。

记住，一定要从目标推算设定"垫脚石"。也就是说，设定目标的项目带头人必须对自己负责，对进行的项目目标

仔细斟酌，展示出"垫脚石"与"必须实现垫脚石"的理由。为此，公司组织首先要赋予项目带头人酌情处理问题的权利。如果这一权限委任半途而废，从 0 到 1 的运行管理就会变得非常困难。

　　另外，项目带头人在设置"垫脚石"时，一定要避免意气用事。即便使用了那种意气用事的设定，在冷静思考后又发现这是无法完成的目标，成员们也不会为此而卖命工作。因此，在设置"垫脚石"时，一定要和成员们进行协商，如果发现这是一块无论成员如何卖力都不可能跨越的"垫脚石"，就应该讨论是否增员或者投入资源。

　　但是，"垫脚石"终究是根据"目标"而设定的，并不是为了配合成员，这也是实现从 0 到 1 的关键。在想方设法要让 Pepper 问世时，作为担任项目开发带头人的我，也会经常思考"垫脚石"的设置方法是否有误。

04

◇◇◇◇◇◇◇

"市场观"是从 0 到 1 的武器
——反复练习，磨炼非理论性的"第六感"

没有"市场观"就无法制订从 0 到 1 的计划

如何设置合适的"垫脚石"是从 0 到 1 成败的关键。

这点说起来容易，做起来却很难。通过目标推算设定的
"垫脚石"，通常我们并不能看清目标本身的具体形态。在摸
着石头过河时，我们也无法判断应该在哪一位置放置"垫脚
石"。如果我们只是闭着眼睛在山路上设置"垫脚石"，那
只能是耗费时间，根本不可能到达终点。无论你能获得多
少助力，如果将"垫脚石"设置在根本不可能到达的地方，

那么一切的努力也是徒劳。因此我们必须将"垫脚石"放置在"对能否翻越高山起决定作用"的要点上。在一段距离上，放置"垫脚石"的位置会有无数种可能，而我们所选择"垫脚石"的位置，最终会决定项目前进的速度与实现的可能性。

那么，要怎么放置"垫脚石"呢？

可以说，这是所有从 0 到 1 中都会遇到的普遍性问题，这或许并没有什么逻辑方法论可循。但是，人类具有"市场观"，这正是驾驭从 0 到 1 的重要能力。每隔半个月，我会设置一次"垫脚石"；每隔一个半月，我就设置一个具体化的"应达成目标"。如果能够将这些目标逐一实现，就能达到令人神往的终点，这就是市场观。当然，这只是我的市场观。有的人可能与我的市场观不同，但也未必就不管用。

迄今为止，至少在与我相关的项目中，我体会到了它的正确性。

通过反复尝试磨炼"市场观"

如何磨炼"市场观"呢？只能靠积累经验。

年轻时，我习惯于先设计时限，后跟进工作。我常常会把工作细化为"应该做的事"和"达成期限"。那时我自己制订的期限是一个月。在 LFA 中，当我开始进行从 0 到 1 的工作时，我决定"先反复尝试一个月，然后再制作出新的试验品，接着再进入下一过程"。

但我挑战了很多次，进展都不顺利。一个月的时间不够用，如果我将精力都集中在寻找"共同点"上，就没办法完成革新试验。相反，如果时限太过于宽松，就会产生松懈心理，导致工作进展艰难。在反复失败后，我逐渐形成了"难易度不一样的试验需要不一样的时间"的市场观，为了能够尽量实现高目标，我追求的是实现目标的临界点，最后我总结出的计划时间是一个半月。

这种方法在 F1 中也很实用。在 Pepper 的"开发过程"和"应该做的事情"方面，尽管这两个项目属于不同的领域，可我都是用了一个半月的时间。直觉告诉我，同样都是创造新事物，一个半月的期限是够用的。所以这"一个半月"就成为我设定目标的"依据"。开发 Pepper 时，公司给我的开发时间是两年半（30 个月）。一个半月是 1.5 个月，30 个月 ÷ 1.5 个月 =20，也就是说，我可以尝试 20 次。通过"市场观"分析，我总算明白了自己在各种尝试中可能攻破的难易度。经过摸索，我模糊地看到自己可能到达的终点的"水平"。

孙正义社长给我的课题是"普及与人心灵相通的人形机器人"。从上述算法预测可知，在两年半的时间里，要开发出与人一样能够进行自我判断的机器人，是根本不可能。于是，我提出了在 20 次的尝试中有可能实现的概念，将原有的概念重新解释为"稍稍让人类感到快乐的机器人"。

由此可以看出，在设定从 0 到 1 的终点时，"市场观"必不可少。

最为可靠的是非理论性的"第六感"

在没有"市场观"的领域，我们该怎么办呢？

在开发 Pepper 时，我对硬件部分已经拥有了自己的"市场观"，但在软件相关的开发部分，则是门外汉，当然也就没有"市场观"。这时最重要的就是不要烦恼，因为从没做过的事情，就算烦恼也想不出答案。一旦你开始纠结"弄错了怎么办"，这时你的思路就会停滞，无计可施。正确的做法就是"做了再说"，与其烦恼，不如将错就错地想"第一次做事，出错是难免的"。此时，我们应首先设置"垫脚石"，而且毫不羞涩地告诉成员们"要做到这种程度"，即便被大家认为是"胡来"，也要让他们做到。随后，你大概会收到很多负面的反馈意见。越是责任感强的人，就越会说出保守的意见。但是，不要用"我是门外汉"这一理由应对成员们的提议。因为那样做，不能产生作何作用。

当然，我们也需要倾听他们的意见，弄清楚事情明显做不到后，再进行灵活调整。最为重要的是，我们要向大家讲述向往的"终点"与到达这一终点的"故事"，从而引起大家的共鸣。以这一共鸣为基础，努力让大家接受"勉为其难的问题"。

不要将全员同意当作必要条件。与这一观点相比，更为重要的是做了再说，有时也会失败，但这就算是交"学费"。像这样在踏踏实实地反复修正中，一定会产生"市场观"。

在 Pepper 的软件上，我对"垫脚石"做过多次修正，在此期间则自然而然地形成了"市场观"。

"市场观"就是"第六感"。

也许有人对"第六感"这种非理论性的东西极为轻视，但从 0 到 1 成败的关键，正是这个非理论性的要素。想想就会明白这理所当然的原因：从 0 到 1 是从没有人做过的事情，没有任何参照物，要实现它，最可靠的只有因为无数次经验，从而让身体记住的"第六感"。

⬡⬡⬡⬡⬢

第 5 章

"效率"抹杀从 0 到 1

01

危险词语——"效率"
—— 将"有意义的浪费"最大化

"没意义的浪费"与"有意义的浪费"

没有艰难的工作，就没有从 0 到 1。这话虽然有些残忍，但却是真理。

我自己就是一个艰难的工作者。曾经有人挖苦我说"你还是别再炫耀你的工作了"。我是因为喜欢才去做，所以听了这样的话，只会让我感觉不知所措。我经常听人说"日本人劳动生产率低，更加应该有效率地工作"。但是，在实现从 0 到 1 的过程中，我只能进行艰苦的工作，别无他法。对于从 0 到 1 来说，"效率"反倒是一个危险词，追求效率就不可能产生从 0 到 1。

当然，在生意上，"效率"是非常重要的概念。生意不产生利益就不能持久，如果资源、财力分配上出现了浪费，利益就会被压缩。因而生意人需要将自己的时间、劳力和知识等有效地运用于工作。虚度珍贵的人生是难以忍受的痛苦，从这种意义上说，我认为自己是效率主义者（我周围的人或许并不这样想）。

但是，"浪费"也分为两种类型，那就是"没意义的浪费"和"有意义的浪费"。

我们需要彻底排除掉"没意义的浪费"，但不能因为倡导"效率"，就连"有意义的浪费"也一同排除掉。因为从 0 到 1 的成败与"有意义的浪费"和能否对其反复积累有关。

我第一次领会这层意义，是在开始 LFA 相关工作的时候。当时我隶属于实验部，上司指示我"90% 的时间用在主业务上，10% 的时间用于 LFA"。但是，在我深入进行 LFA 的工作后，我明白 10% 的时间只能换来 10% 的成果，在这一时间配比下，我获得的只能是上司想象的内容。考虑到未来的发展空间，我发现仅获得这些成果是完全不够的，为了能够获得更广阔的拓展资源，我开始全心全意地投入到 LFA 工作中，不得不延长总的劳动时间。结果我发现，我此时的工作时间已经是 90% 用于 LFA，而主业务只用了 10% 的时间。

从 0 到 1 诞生在巨大的"浪费"之后

为什么不得不这么做呢？因为从 0 到 1"不是谁都做得到"。

只有经过无数次尝试，才会有一切可能的发生。如何尝试这些可能？如何找出这些可能存在的最佳答案？所有这些需要进行挑战的事，正是从 0 到 1。当然，这其中必然会产生"巨大的浪费"。极端地说，最终"答案"之外的尝试都是浪费，但如果没有"99% 的浪费"，就不会获得最好的"1% 的答案"。也就是说，这种"浪费"是"有意义的浪费"，为了获取这种"巨大的浪费"，我们只能通过艰苦的工作来完成。

在 LFA 中，我的目标是产生"强大的下坠力"。在大学院读书时，我的专业是空气力学，所以非常清楚其中的艰难。空气力学原本是随着飞机的进化而逐渐发展的，但是，乘用车周围的气流与飞机周围的气流完全不同。因此，"在乘用车上产生强烈下坠力"这个主题，在那时是极为独特的领域，尽管 F1 领域里一直在研究下坠力，但是，那与市售车辆的基本设计思想不同，所以不能直接利用那一领域的知识。也就是说，我没有"范本"可参考，换句话说，就是一切可能性都存在。所以，我只能靠自己进行的反复试验，在市售车辆里找出有可能实现这一目标的"最佳答案"。

彻底排除"无意义的徒劳"

这里出现了一个问题，要用当时的试验方法反复尝试，其实很困难。在市售车的空气力学实验里，通常都会使用黏土制作的模型，这样不仅浪费时间，还会使尝试的次数受到限制，从而产生更多的浪费，因此有必要创造一个能够尽最大努力进行多次尝试的环境。我们决定用当时还没有普及的3D 打印技术制作空气力学的精密模型，这在丰田公司内部也是首次尝试，这正是我想做的事情。对于当时没有任何业绩的毛头小子来说，我的确感觉自己有点狂妄自大，但是，我的浅薄却促使我必须这么做。

首先，我用电脑模拟空气力学，利用 3D-CAD 将可能出现的形状画成模型图，并将模型尽量细化为数十个部件，通过多次替换部分零件，分组整合，用 3D 打印它们用于实验。在这反反复复进行有效的实验中，我发挥了每个部件潜在的威力。

为了一个实验，与其制造一个所需的黏土模型，不如大量增加反复尝试的次数。只有这样，才能得出好的实验结果，如 3D-CAD 数据就可以直接在下一阶段使用，如此这般非常有效率。这样看来，想要完成这个业务量，必须投入很多的时间与劳力。**但是，为了尽量避免"没有意义的浪费"，就必须要"绕点路"。**其结果是，我获得了能够尽情反复尝试的机会，为了产生"强烈的下坠力"，这是不可缺少的一项。

"有效率"并不能产生从 0 到 1

在那之后，我开始不断地反复尝试。

我尝试了无数能够想到的可能性，也经历了无数的失败，更学会了不断思考。就这样，我持续进行着逐渐接近"正确答案"的过程。总觉得时间不够用,所以,我不得不每周从早到晚地加班工作。可实际上,那时我并没有什么休息时间可言,除睡觉之外,我所有的时间都在思考 LFA 的工作。重要的不是劳动时间,而是思考时间。正如孙正义社长所说,我"绞尽脑汁"持续进行的工作是思考。否则,也就不可能产生"强烈的下坠力"。

如果说这样的思考不枯燥,那是不可能的。既然这项工作已经有这么多人被牵扯进来,就绝不能半途而废。为了创造从0到1,我尽自己所能去做一切事情,那时我唯一的想法,就是不能放手。这样,在"主业"上,我节省了很多精力,反而可以尽其所能地提高固定业务的效率,尽量将自己获得的资源投入到 LFA 中。也可以说,我费尽心思彻底清除了"没有意义的浪费",并且使"有意义的浪费"最大化。让"有意义的浪费"最大化,才是实现从0到1的关键。因此,必须要留意"效率"。

从0到1与固定业务有着本质的区别。

固定业务拥有"平均流程",这是一个统一的答案,人们往往要求这一流程要有效率。但是从0到1却没有统一的答案,它需要你亲自去寻找答案。为了找出"最棒的答案",

只能尽可能多做尝试。如果在这一步骤上简单化，也许会产生有效率的事物，但却不会出现从 0 到 1，因为这种简单就能产出的事物，是谁都能做到的。认真地反复地尝试"有意义的浪费"很重要，为此，我们要彻底清除"没意义的浪费"，将"有意义的浪费"最大化，并且以最快的速度使其得以运转，这才是必不可少的一点，也正是从 0 到 1 中的"效率性"。

02

"没有失败"是危险的征兆
——在"安全圈"里只会产生平庸之物

为什么"一流车手"要在练习时出错？

　　F1 赛车界里有一个很有名的说法，那就是天才车手会在比赛前的练习中，故意地出现打转、脱离赛道等情况。实际上，对于丰田 F1 的工程师来说，亲眼看着赛车手们练习，会让他们担心赛车的状况。但是，当看到了练习中出错的赛车时，他们的注意力就会转移到"为什么会偏离赛道"这个问题上，因而也会变得困惑起来。

　　但我很快明白了这个原因。正是因为在练习中进行着接近极限的反复尝试，他们才会成为一流的赛车手。他们以"这个转弯处再加速可能会很危险""刹车能到什么程度"等为一个个小目标，逐一攻破。当然，他们不会出格到弄坏汽车以致于不能参加比赛的地步，但如果他们在练习中没有无数次偏离赛道的尝试，就不会取得赛场上的荣誉。赛车手们以成功与失败的瞬间为目标反复练习，让身体记住速度最快时的感觉，只有这样，他们才能赢得比赛。如此循环往复，才能成就他们"一流车手"的称号。

了解这些后，我终于能够放心了。因为这不仅是一流赛车手，也是像我这样普通的商务人士共同的体会。工作中，有时要把目标设定在凭借自己的能力勉强能够到达但却很有可能失败的领域。因为在这样的循环往复中，我们才能看到自己勉强能够成功的领域，然后果断地进行挑战。当然，我们也会拥有高出所获成果的实力，一旦将这种工作方法习惯化，就会成为自我成长的法则。

在从 0 到 1 的过程中，这一态度不可缺。赛场上，人人都会保持与赛道的"边距"，但这样不会产生从 0 到 1。如果大幅偏离赛道驾驶，虽然这种现象"前所未有"，也"并非人人都需要"，但极有可能实现突破。因而我们的目标就设

定为贴近没人成功过的赛道边缘，发起挑战，不要害怕打转
或偏离赛道，这才是实现从 0 到 1 的方法。

开发从 0 到 1 必须要有连续的"失败"

以极限为目标，在开发从 0 到 1 时，必然会有连续的失
败。研发 Pepper 时也是如此。

例如，在设定 Pepper 的角色时，我和吉本兴业以及电
通的优秀创作家们一起设定"可爱又有趣的人物"这一目标，
开始创造 Pepper 的每一个动作，这其中历尽波折，并不是
原来想得那么简单，最难的就是"艺术风格"。我们希望它
能适时地进行人机交互、讲笑话，具有亲和力。但是，这一
机能在"安全地带"中很难产生出来。对口相声也需要捧哏
者和逗哏者相互配合着"吐槽"才能逗笑大家。一旦两人配
合不当，"吐槽"不到位，就会让相声平淡无味，观众也会
感觉不到乐趣。对于 Pepper 来说，这是非常危险的。

过去从来没有会讲笑话的机器人，我们也没有先例可以
参考。也许让机器人插科打诨的这个想法就已经是"偏离赛

道"了，我们带着这种忐忑不安的心情，编辑了具体的程序内容，并且在 Pepper 上进行了实际演练，可机器人的表现始终是中规中矩。

我们的尝试不断失败，中规中矩的回答就意味着并不有趣。因此，我们决心要尝试下交互吐槽，这次我们选择的是并不适合 Pepper 形象的"冷笑话"，针对的目标就是中规中矩，为此，我们对它进行了无数次的挑战。在这一过程中，我们的压力极大，我们想要尝试的内容，根本就没有任何经验可参考。我们每模拟一次内容，都必须进行一次开发，我们没有"成品"可以借鉴参考，持续不成功的开发也会让成员们产生挫败感。在这紧要关头，我鼓励成员们不要因失败而气馁，无论如何也要继续朝着极限的方向努力，这就是成败的分水岭。

"成功"需要令人吃惊的"失败"

失败、修正、失败、修正……像这样重复很多次。

凭借着这种反复尝试，"中规中矩"与"做过头"之间的差距开始逐渐缩小，直至我们最终找到适合 Pepper 形象的艺术风格。在 Pepper 记者发布会上，其类型之一就是展示的机器人 rap。在日本相声界里，机器人 rap 是一款以相当认真的态度对人发脾气而逗笑观众的一种艺术风格，这是一种极为失礼的说话方式。当时，在公司里展示这种风格时，大多数人都对此表示了担忧，也有人认为"这在教育上、伦理上都不好""没必要为此承担风险"，因此反对之声强烈。

但是，身处开发现场的我们，却强烈地认为"正是因为反复进行了没人做过的挑战，Pepper 才能走到现在"。就在发布会当天，我们还设置了机器人 rap 的现场体验环节。直到发布会开始前，我还一直在争取这次表演机会，最后，还是孙社长支持我放手去做。

记得发布会那天，在会场的一角，我和开发组的成员们一起屏息凝神地注视着 Pepper。在孙社长与 Pepper 轻松的对话后，逐渐到了机器人 rap 的现场体验时间，我忐忑不安，不知接下来是吉是凶。万幸的是，会场里传来了一阵阵的笑声，那一瞬间，此前一直为此辛苦忙碌的成员们脸上立刻绽放光彩，我终于长舒了一口气。当然，Pepper 不可能像专业相声演员那样引起观众爆笑，但这是 Pepper 冒险进入有些

"失礼"的领域中产生的祥和气氛。为了得到这一开发领域的认可，我们需要的是令人感到吃惊的失败。

　　还有更令人高兴的事情，发布会当天的推特上写出了"软银股票因为机器人 rap 而飙升"，而机器人 rap 一时成为人们议论的话题。当然，我并不知道股价上升是否真的与此有关，但至少没人否定机器人 rap。

没有"面对失败的耐性"就不能成功

　　我认为从 0 到 1 所需的是"面对失败的耐性"。

　　在练习中，就像一流赛车手多次通过旋转来把握转弯的感觉一样，如果我们没有经历多次失败，就不会把握住从 0 到 1 的关键。只有失败才能让你知道"不能超越的界限"，只有这样才能接近极限的边缘。相反，如果没有失败，就只会在"安全边距"内工作，只能产生平庸的事物。能够实现从 0 到 1 的人，必须要承担成功前所有的失败风险。也就是说，他要具有"面对失败的耐性"。

　　应该说"没有失败"是高危的征兆。

　　这就是你还没有到达极限的证据。乍看上去你像是没有失败，但实际上，它却在消磨你实现从 0 到 1 的能力。当然，这里所说的失败不包括单纯的出现错误，出现重大错误是不会接近成功的。我们要以接近极限的边缘为目标，尝试进行多次挑战，并从失败中吸取经验，提高挑战的精准度。

　　你能坚持重复这一过程的时间，决定了从 0 到 1 的成败。

03

"语言"无力
——与其用"语言"争论，不如用"事实"说话

过于信赖"语言"会偏离正轨

习以为常的语言有时也会成为一种坏习惯。

我们每天都在用语言工作、用语言思考和用语言争论。但实际上，这也可能是一种坏习惯。如果我们没有意识到语言的边界，就会因为过度依赖语言而毁掉最为简单的沟通交流。因此，你的项目也会开始偏离轨道。

例如，我说"我想要清爽的颜色"，但是，"清爽"一词给人的印象却千差万别。即便有人与我的感觉相差十万八千里，

这也没什么可奇怪的。如果你查字典"清爽的颜色",字典上面的确会写着"让人心情畅快的感觉"等意思,但从这段文字中,人们获得的印象也会有微妙的差异。无论给语言下了多么严格的定义,每个人由此而产生的感觉还是很难一致。

客观地说,我们会结合自身的经验来理解语言。听到"清爽的颜色"后,有些人会不由自主地想起幼年时看到的秋天晴朗的天空。而有些人则会想到初夏的新绿、春天的樱花,甚至是向往的偶像经常穿着的衣服的颜色。"清爽的颜色"给人的印象,也许会与许多记忆浑然一体。没人会经历与自己完全一样的人生,即便是同一个词语,从中产生的感觉自然也会出现偏差。

总的来说,我们会经常受到语言的欺骗。如果我们只打算通过语言交流就想与成员们共享感受,这如同步入雷区。随着项目的推进,语言带来的不协调也会愈加明显。"这和我想的不一样""为什么不按照我说的来做""你不是那么说的吗"……于是,就会频繁出现这种没有结果的争论,项目自身也开始僵化,根本不可能创造出好东西。

那么,我们该怎么办呢?

这就像哥伦布竖鸡蛋的故事一样,办法很简单,就是用

"语言"以外的形式去表现，只要让大家看到"具体事物"就可以了。如果想要"清爽的颜色"，实际上，可以把自己感受到的清爽的画面拿出来让大家看看，它可以是画作的复制品，既可以是照片，也可以是动画。看过这些以后，成员们就能理解"清爽的颜色"是什么样的感觉了。只是稍微花一点儿工夫，就会大大减少认识出现偏差的风险。

或者你也可以尝试用纸和糨糊做样品。因为这个样品的目的就是为了让团队内部统一认识，不需要将它像普通样品那样完全做好。重要的是，要用语言之外的有形方式表现给大家看。有几次在会议中，我就是用纸和胶带边做边让大家看"我要的就是这种感觉"。即便你的手工技术只有小学水平，也可以借此引发议论。相较于只用语言的讨论，这种视觉的冲击，才能产生更高品质的讨论。

"语言"不可能表现从 0 到 1

这一点，从 0 到 1 中尤其重要。

我们要创造没人见过的事物，自然不可能用语言表现出来。从未见过的事物，给人的感觉一定各不相同，想用语言正确地表达出来，那简直是困难至极。正因如此，我们才更需要使用语言之外的事物尽早发现彼此间感受上的偏差，这点尤为重要，这也是我在 Pepper 项目中的深刻体会。在孙社长提出的"普及能够与人心灵相通的人形机器人"项目的最初阶段，使命感驱使我想到了"让人心情开朗的机器人"这一概念，我们需要让 Pepper 具有"温暖人心的有趣反应"。因此，在进入实际制作前，在领导会议上，我决定对 Pepper 搭载的程序进行研讨。

但是，计划会议的进展困难重重。

讨论的对象是"是否有趣"。可这一点，每个人的感觉都不一样，在准备的企划书中，无论我多么详尽地用语言表达出"有趣"，但大家由此感受到的趣味却是因人而异，根本没办法真正体会我的感受，最后得到的反应，往往也只是"这个哪里有趣"。其实谁都没见过"有趣的机器人"，这简直是纸上谈兵，无论我说多少次都没用。愤怒的孙社长甚至还命令我"重新提炼企划！后天之前要想出一百个点子"！当然，我拼命地想了一百个点子后，立即召开了研讨会，但结果还是一样。无论我怎样努力，都会因陷入毫无结果的议论而受到责骂。因此，我给孙社长发了一封邮件"请给我 3 个月时间，如果还是不顺利，我就辞职"。我和项目组成员们一起，开始在 Pepper 上实际加装"有趣的程序"。我觉得只有让大家看到实物，他们才能真正理解我的感受。

随后，我们每一天都在尝试。

我们反复做着样品，又因为"不对，不是这样"而不断进行修正。我的脑海里虽然有了模糊的目标，但是却始终不能具体化，这让我感到了巨大的压力。现在看来，那时正是 Pepper 项目最困难的时候，正是在那个过程中，我逐渐将"有趣的 Pepper"的感受具体化了。

感性领域的问题只能用"事实"说话

实践是检验真理的唯一标准。

3 个月过后，我所想的程序终于完成了，我们将搞笑艺人拿手的"搞笑版体操"改编为适合机器人跳舞的节目。等到给社长公开表演的日子，"要是还不被人接纳，那就彻底结束了"的潜意识一直侵袭着我，有了这种困扰，当时的我非常紧张。

但是，当开始揭开 Pepper 的"搞笑版体操"时，全场气氛为之一变。Pepper 明明一副笨拙的样子，却十分认真地跳着"搞笑版体操"，Pepper 的形象与角色完全一致，可爱且又搞笑。这时表情严肃的要员们也都放松了起来，孙社长也愉快地笑着，最后还和 Pepper 一起跳舞。千言万语不能表达明白的事情，瞬间就这样表达清楚了。从那之后，Pepper 的项目进入了加速期，公司内部也对其充满着期待，相关开发人员更是对该项目热情满满。因此，我们必须要注意语言。

从 0 到 1 中，语言有时是苍白无力的，尤其像 Pepper 那样跨入"感性领域"的从 0 到 1，更是如此。"感性领域"的问题，单靠语言是没办法讨论出结果的，最重要的是尽早尝试做出"具体的事物"。由此得到的经验：与相关人员分享感受，是实现从 0 到 1 的绝对条件。

04

不要相信用户的"话"
——自行思考话语中的"想法"

"用户的心声"不能诞生从 0 到 1

打造用户需要的产品，这是赋予商务人士的使命。

工作中反映出"用户的心声"极其重要，根据这些信息，我们不仅要做市场调查，听取用户意见，还要做体验测试，就连用户的抱怨都可以说是十分重要的信息。在从 0 到 1 的项目里，尤其要注意这一点。用户告诉你的只不过是对"已有事物"的要求或不满，它能够帮助你对"已有事物"进行改善。但无论你调查了多少"用户的心声",也不会产生"谁都没见过的事物"。

例如史蒂夫·乔布斯,在创造 iPod 或 iPhone 时,他并没有做太多的市场调查。更确切地说,这两样东西都是纯粹描绘他心里"想要"的东西。在他毫不妥协地致力于那个项目后,最终创造出"谁都没见过的事物",而得到它们的用户则发现"这就是我想要的东西"。

在进行风险投资时,投资家们在意的也是"你想要做什么"。投资家们所在意的,其实就是从 0 到 1,因为谁都没见过的东西,当然要这样问。因此,在 Pepper 的企划巩固阶段,我们并不特别重视市场调查。但当开发进展到要做出"给世人看的东西"时,我们开始重视市场调查。当我们创造的事物逐渐接近我们心中所想的终点时,要经得起最后的"锻造",就必须清楚用户的反应。我们先要了解用户的不适感,然后在成品中彻底消除这种不适感。所以,在 Pepper 做到某种程度后,我们开始频繁地进行模拟试验和用户意见调查,彻底地倾听"用户的声音",这就是我们要特别注意的事项。

假如只是表面听取了"用户的心声",反而会与"用户追求的事物"渐行渐远。例如，如果直接将体验报告上写的词语当成是"用户的心声"，就会极其危险。**因为语言不可能表现用户的所有想法**。假如我们要对某个商品进行体验测试，就算 A 和 B 两人都回答"想试用"，但这两个人的语气也会存在无法用语言表现出的微妙差异。在试用商品时，他们的表情变化、目光的移动、点头以及手势、声音、叹气等都会不同。如果不亲身感受这些信息，只接收报告中所写的语言，就可能会"偏离用户的心声"，这点非常危险。

正因为这样，我会尽量去现场调查。

自始至终我都会观察体验客户的反应，集中精神用感官去感受这些反应。当然，我还会尽量让核心的项目组成员与我同行，让他们与我产生相同的经历，亲身感受相同的事物。这样一来，我的同伴们就能通过共享非语言类信息，第一次在本质上对"用户到底想要什么"进行交流。

用户不会告诉你"答案"

我们不能囫囵吞枣般地对待用户所说的话，因为有时用户在说话时也并不清楚自己的潜在需求，甚至也不清楚自己内心的真正意愿。人类就是如此。

大家是否也是这样呢？

假设你到了便利店，里面摆了很多种盒饭和燕窝，然后你选了某样商品去排队结账。如果有人问你"为什么你要买燕窝""为什么不买其他产品"时，你能做出明确的回答吗？一般大家都会不由自主地回答"因为看起来很好吃""我喜欢这个"等。但是，当继续深入地问道"为什么看起来好吃""为什么喜欢"时，通常大家都答不上来。一般来说，把握自己做出的判断，并且将其完美地转化成语言，这是非常困难的。

所以，不要武断地对用户的话做出反应，用户不会告诉你"答案"。对我们而言，最重要的是解读藏在语言背后的"想法"。我们必须借助用户的话，动脑思考"用户真正想要的是什么"。

抓住藏在"语言"背后的"想法"，拓展可能性

当你做到了这一点，就会得到巨大的启示。

在 Pepper 发售后的体验测试中，我听到了让我印象深刻的话。我们将 Pepper 带入特殊养老院，在老爷爷老奶奶们中，Pepper 很受欢迎。在看到 Pepper 的瞬间，他们面带喜色地说："好可爱！"在轻轻触摸了 Pepper 的手后，他们笑着说："真是柔软。"他们所高兴的，是机器人并不像他们想象的那样硬邦邦的。于是，他们和 Pepper 玩了一整天，之后我问他们："如果要改良 Pepper，要改良哪里呢？"

结果，我得到了意想不到的答案——"手要是有温度就好了"。

这句话给了我很大的启发。当然，我并不是想让 Pepper 实际带有体温。我在想，当老爷爷老奶奶看到 Pepper 的瞬间，他们大概是把它看成了自己的孩子，所以，他们会像与孩子相处一样和它说话，自然地和它握手。Pepper 的手摸上去很柔软，但还是让人感觉古怪，古怪之处就在于没有体温。也就是说，老爷爷老奶奶们打算与 Pepper 进行肢体

交流，这是一种非语言性的交流，这让我感到有些惊讶。因为在此之前，我把重点都放在"让 Pepper 说什么才能让人心情舒畅"这一语言性交流上。但是，人类的情感也可以通过与其他人的非语言性交流来获得，这才是人类的根本欲求。

后来，在时间允许的范围内，我们对 Pepper 的每一个动作与姿态，包括非语言性交流部分都尽量做到精益求精。如果没有这一部分，Pepper 给人的印象就会极为不同。但是，他们的一句话却告诉了我，"未来"还有更大的天地，当时的这个发现，成为后来我创立"GROOVE X"的契机。我认为，注重非语言交流机器人的时代就要来临，在自然界中，如同动物为了生存而不断进化一样，机器人也要在配合着人类生活不断进化的同时，融入家庭之中。现在的家庭里，只有像"鲁班"那样的扫地机器人，但今后机器人将会以令人吃惊的速度与人类共同生活。

在这一过程中，机器人不仅会替代人类劳作，也会成为人类心灵的依靠。今后的机器人要比现在的更加可爱，更具有魅力。它们会让老爷爷老奶奶们高兴地说："真可爱啊！我想要。"我一边想象着那种场景，一边推进着新时代机器人的开发，而给予我新的"梦想"的就是老爷爷老奶奶们的那句话。所以说，如果能够抓住隐藏在"用户心声"背后的"想法"，可能性就会不断得到拓展。

后　记

从 0 到 1 曾经是日本的"热点"

日本产生不出从 0 到 1。

经常听到这种感叹，我也有同感。的确，日本产生从 0 到 1 的机会正在减少。但是，2016 年 5 月 3 日的《美国时代周刊》上发表了"带给世界巨大影响的 50 个精巧产品"的报道，没想到有 1/4 都是日本产品。实际上，前 20 名的产品中有 1/3，都是日本在高速成长期到泡沫经济时期产生的从 0 到 1。在全世界范围来看，从 0 到 1 曾经还是日本的"热点"。

那么，为什么近年来日本不再产生从 0 到 1 了？

日本人不是没有从 0 到 1 的能力，只是在日本社会成熟后，人们开始害怕失败。在曾经的"热点"时期，支撑日本的是经历了战后一片废墟的前辈们，为了活下去，他们竭尽所能做任何事，不"害怕失败"。战后的日本人比现在的人们更加梦想明天会更好，整个社会都处于人心归一、勇于冒险的气氛中，可以说那样的环境正是孕育从 0 到 1 的"学校"。

但是，在经济成长期的后期，日本社会整体开始害怕失败。孩童们自小就在大人们说的"会受伤""危险"等大量不能碰触的风险中长大。应试教育也是一样，在考试中，大家都会寻找完美的正确答案，而重视偏差值更是助长了这一行为。就这样，被束缚在"不要失败"的环境下长大的我们，与竭尽所能去做任何事的前辈们不同，我们不善于进行挑战。结果就是，我们始终在重复别人给出的"正确答案"，这样当然不会产生从 0 到 1。

人生本就没有正确答案。然而我们还是会害怕人生中的失败，即使机会到了眼前，我们也不会自己伸手抓住它。我们坚信自己会慢慢地到达"安全地带"的温泉，然后变成温水中的"青蛙"。但那终究不是"自己的人生"，以致于我们经常自问"自己的人生正确吗"，年龄越增长人就越没有自信，这点非常不幸。

乔布斯是"天才"?

当然，我年轻时也没有自信。

我提心吊胆地走上了社会，与生俱来的浅薄让我只要想到"要做的事情"，哪怕害怕也忍不住要去做。我也失败了无数次，但是，在经历了众多失败后，我绞尽脑汁地思考"怎样才能成功"。经过多次挑战，我就能真正地向属于我的从0到1发起挑战。

在这期间，一直鼓励我的是那些过去实现过并创造了辉煌的从0到1的名人的人生之路。其中之一就是史蒂夫·乔布斯，他的一生带给我很大的启示。他的第一次巨大成功是1977年发售的Apple Ⅱ，但为那个产品做出最大贡献的却是与其共同创业的沃兹尼亚克。之所以会产生这样的成功是因为当时乔布斯完美的讲述让人们看到了梦想。直到1988年，他真正想制作并在市场上取得巨大成功的东西才出现，那就是当时发售的iMac。这段时间前后历经了20年，而这20年里却隐藏着他成功的秘密。

他得到了沃兹尼亚克的Apple Ⅱ，并且凭借对未来之梦的天才般的讲述成了大富翁。我所关注的是他之后的行动，对常人来说，一旦获得了这样的资产、地位与名声之后，就非常害怕失去这一切，不会再进行新的挑战。但是，乔布斯却把获得的东西一次次投入到新的挑战中，哪怕会经历失败。曾经的他在被请出苹果后，并没有再次创业，即便如此，他也没有放弃挑战。我觉得这才是他最值得钦佩的地方，在历经 20 年的时间里，他并没有因为惨痛的失败而屈服，而是积累了比普通人一生经历还要多上几倍、几十倍的经验，并将它们储存为"潜意识的知识"。那是一种"能力的储蓄"，是十多年后产生持续改变世界的从 0 到 1 的"能力"。

更能表现出这种"能力"的，是他在斯坦福大学毕业典礼上讲的"连接点线"。他讲了自己在大学期间潜心学习书法，虽然热衷于学习时并没什么意图，但他却将这些经验用在了后来的设计上。乔布斯通过这件事告诉大家，人生中拼命去做的事情初时似乎毫无联系，回首时才会发现这些一点一滴连接起来就变成了"线"，最终就能创作成一幅画。

但是，这里所说的"书法"只是美好而又简单明了的话题。乔布斯人生中的所有体验，特别是 20 年里尝到的一点一滴的辛酸，都纵横交错地连接起来，最终使他创作出

iMac、iPod、iPhone 等"画作"。

不要设计人生

这并不是夸大其词。

"连接点线"是我们所有人的大脑中普遍发生的现象。一旦我们有了很多经验，那些经验带给我们的感觉就会刺激大脑，无论脑神经细胞网是否接受，它都会逐渐发生不可逆转的变革。每当受到刺激时，脑神经细胞网就会随意地进化出"新的回路"，并且大脑中也会产生有趣的现象，或因某个经验而形成的回路与其他与之无关的经验形成的回路，因为有些相似而产生关联与共鸣。就像是知道了自己的好朋友也是过去同班同学的好友一样，让人会在瞬间吃惊地觉得"世界真是太小了"。大脑的世界虽然广阔而深奥，但同时也很狭小。

这就是灵感，在毫无联系的情况下而出现的现象，从而产生出"前所未有的想法"。重要的是，这并非只有乔布斯能够做到，而是任何一个人都具有的"标准功能"。因此，与其说乔布斯能够创造出伟大的从 0 到 1 是因为他本身是天才，不如说是因为他不甘于失败，敢于反复迎接新挑战，从而后天养成了其他人所没有的脑回路。

想到这里，我也有了勇气。像我这样的普通人，在可容许的范围内，只要不畏失败、承受住极限风险，同时不断尽全力去挑战"想做的事情"，那么总有一天，我也能实现"了不起的从 0 到 1"。

所以我不会去设计人生。

如果按照生活规划师或者员工教育说的那样，每个人都要制订一个可行的人生计划，这就等同于让自己"倾向于保守"，而这实际上是在抑制挑战，这样就无法养成"其他人所没有的脑回路"。与此相反，如果在"即兴发挥"的基础上努力，去尝试"想做的事情"与"想要挑战的事情"，即使会使遇到风险的可能性提升，但人生的可能性也会大幅度提升。

当然，我有时也会畏惧、退缩，但我还是会不断地尝试"想做的事情"与"想要挑战的事情"。雷克萨斯 LAF、F1、Pepper……我一直都在不断地进行属于我的挑战。

打造创意绝妙的公司

这次，我要跳出上班族的框架，开始更大的挑战，着手创办"GROOVE X"。这次创业有三个目的：

第一，我要创造出通过非语言性沟通，支撑人心灵的"潜意识交流机器人"。

第二，利用风投，建立源自日本的新产业。为了能够让从 0 到 1 再次成为日本的热点，我希望能尽自己的绵薄之力。

第三，如同公司名一样，我要打造"创意绝妙的组织"。在此之前，我曾经召开过"召集各种能干的成员进行讨论，将那些不切实际的想法也称为创意，这样就会产生创意不断的良性循环"的会议，让参与者们的"灵感"产生共鸣，此刻瞬间出现了开始时完全想不到的结论，这样的经验让我发现真正的"会议"非常有趣。假如在我组成的组织中有这样一种文化，能让这种绝妙创意在"灵感"共鸣时频繁出现，那么无论是组织还是个人都能获得成长。要让公司获得成功，我希望能够验证这一假说。

当然，这种挑战是个未知数。我自己要背负着比做上班族更大的创业风险，但是，我还是希望能够直面"我想做的事情"和"想要挑战的事情"，这种挑战也会让我自身获得成长。我相信一起承担了风险、经历了冒险的同伴们和支持我的各位的人生，以及我自己的人生，都将会变得更加丰富多彩。

在完成这本书之后，我非常感谢培养了我的各位前辈和伙伴。

感谢在丰田、软银时照顾过我的各位前辈，是你们给了我诸多机会，让我成长。尤其是孙正义社长，他给了我研发Pepper 这一巨大的机会，并且还给了我很多宝贵的意见。在此，再次表达我深深的谢意。

在这里，我还要感谢阅读完本书的读者们。虽然我还很不成熟，但如果本书中的信息能够支持你去尝试"想做的事情"与"想挑战的事情"，我将不胜荣幸。希望能够和大家相互切磋，我期待世界上能够产生更多令人兴奋的从 0 到 1 的方法。

林要（Hayashi Kaname）

2016 年 5 月